초등학생이 꼭 읽어야 할 5000년 시리즈

WOW
와우

한국위인전 ②

형설아이위인전

초등학생이 꼭 읽어야 할 5000년 시리즈

WOW 한국위인전 ❷

2014년 1월 27일 초판 1쇄 발행 | 2022년 3월 14일 초판 3쇄 발행

엮은이 | 신현배
그린이 | 손호경, 성호석, 정수영(www.buyillust.com)
그림 진행 | 구르는 돌

펴낸이 장진혁 | **펴낸곳** 형설출판사(형설아이)
주소 경기도 파주시 회동길 37-23 | **전화** (031) 955-2371, (031) 955-2361
팩스 (031) 955-2341 | **등록** 102-98-71832 | **홈페이지** www.hipub.co.kr
공급 형설출판사

ISBN 978-89-6142-951-1 74910
ISBN 978-89-6142-949-8 (세트)

ⓒ 신현배, 형설출판사(형설아이) All Rights Reserved.

※ 잘못된 책은 구입하신 곳에서 바꾸어 드립니다.
※ 이 책의 내용을 쓰고자 할 때는 저작권자와 출판사의 허락을 받아야 합니다.

이 도서의 국립중앙도서관 출판시도서목록(CIP)은 서지정보유통지원시스템 홈페이지(http://seoji.nl.go.kr)와 국가자료공동목록시스템(http://www.nl.go.kr/kolisnet)에서 이용하실 수 있습니다.(CIP제어번호:CIP2013026825)

초등학생이 꼭 읽어야 할 **5000년 시리즈**

WOW 한국위인전 ②

명재상 · 충신편
과학자편
문학가편

엮음 신현배

머리말

　5000년 우리 역사를 돌아보면 많은 사건들이 있었고, 그 사건의 현장에는 중요한 인물들이 있음을 알 수 있습니다. 이들은 역사에 큰 발자취를 남겼으며, 오늘날에는 '위인'이라 불리고 있습니다. 우리 역사에는 임금, 장군, 학자, 명재상, 과학자, 문학가, 예술가, 종교인, 모험가, 독립운동가 등 다양한 분야에 걸쳐 많은 위인들이 있습니다. '사람은 역사를 만들고, 역사는 인물을 만든다.'라는 말이 있듯이, 위인은 자기 분야에서 역사를 만든 사람입니다. 자신이 정말로 좋아하는 일을 찾아, 피땀어린 노력과 불굴의 의지로 남다른 업적을 남긴 것이지요.

　이들에게는 배울 점이 참 많습니다. 이들은 자기 자신보다는 나라를 먼저 생각했으며, 어떤 어려움이 있더라도 좌절하지 않고 그것을 이겨 냈습니다. 또한, 불의와 타협하지 않고 언제나 정의의 편에 섰으며, 자신의 재주를 갈고 닦는 데 게을리하지 않았습니다. 어린이 여러분도 이런 위인들을 본받아 자신의 꿈을 이루어 나갔으면 합니다.

　이 책은 5000년 우리 역사에 길이 남을 위인 50명을 가려 뽑아, 그 생애와 업적을 분야별로 나누어 소개한 책입니다.

　제1권에서는 임금, 장군, 학자를, 제2권에서는 명재상·충신, 과학자, 문학가를, 그리고 제3권에서는 예술가, 종교인, 모험가·혁명가, 독립운동가를 다루었습니다.

　아무쪼록 이 책을 통해 역사에 대한 흥미와 관심을 갖고, 새로운 역사의 주인공이 되시기 바랍니다.

엮은이 신현배

차 례

● 명재상·충신편

정몽주 고려의 마지막 충신 · 11

황희 청렴 결백한 명재상 · 23

이항복 개구쟁이 시절을 보낸 명재상 · 35

● 과학자편

최무선 화약으로 왜구를 무찌른 발명가 · 49

문익점 온 백성을 따뜻하게 입힌 겨레의 은인 · 61

장영실 조선의 발명왕 · 75

허준 '동의보감'을 펴낸 의성 · 87

김정호 우리 나라 지도를 만든 지리학자 · 101

이제마 '사상 의학'을 창안한 한의학자 · 107

● **문학가편**

김시습 '금오신화'를 쓴 떠돌이 천재 시인 · 123

윤선도 시조 문학의 대가 · 135

김만중 한글 소설의 선구자 · 149

방정환 어린이 운동의 선구자 · 159

윤동주 '하늘과 바람과 별과 시'의 청년 시인 · 171

차례 7

명재상·충신편

정몽주 고려의 마지막 충신

황희 청렴 결백한 명재상

이항복 개구쟁이 시절을 보낸 명재상

정몽주

고려의 마지막 충신

1337~1392, 자는 달가(達可), 호는 포은(圃隱). 의창을 세워 빈민을 구제하고, 개성에는 5부 학당을, 지방에는 향교를 세워 교육진흥을 꾀하였다. 또한, 《신율(新律)》을 간행, 법질서의 확립을 기하고, 기울어가는 국운을 바로잡으려 하였다. 성리학에 조예가 깊고 시문에 뛰어났다. 조준(趙浚)·정도전(鄭道傳)·남은(南誾) 등이 이성계를 왕으로 추대하려 하자, 이들을 제거하고 고려를 끝까지 지키려 했지만 이방원(李芳遠)에 의해 피살되었다. 문집에는 《포은집(圃隱集)》, 시조에는 《단심가(丹心歌)》 등과 많은 한시가 전해지고 있다.

1392년(공양왕 4년) 3월, 봄볕이 따사로운 어느 오후였습니다.

오랜만에 일찍 집으로 온 정몽주는, 이방원이 하인 편에 보낸 초대장을 받았습니다. 별일 없으면 오늘 저녁 술이나 한 잔 같이 하자는 내용이었습니다.

이방원이라면 이성계의 다섯 번째 아들입니다. 술을 좋아하는 정몽주는 그의 초대에 응해, 저녁때 이방원의 집을 찾아갔습니다.

두 사람은 술상을 마주 보고 앉았습니다. 이들은 술잔을 주거니 받거니 하며 이야기를 나누었습니다.

그러던 중 이방원이, 이야기 끝에

"술자리에서 흥을 돋우는 데는 뭐니뭐니해도 시조가 제일이지요. 어디 한 번 들어 보시겠습니까?"

하고 말하더니 시조를 읊기 시작했습니다.

이런들 어떠하리, 저런들 어떠하리.
만수산 드렁칡이 얽혀진들 어떠하리.
우리도 이 같이 얽혀서 백 년까지 누리리라.

정몽주는 고개를 숙이고 이방원의 시조에 귀를 기울였습니다. 이방원은 시조에서 이렇게 말하고 있었습니다.

'여보시오, 정 대감! 고려에 대한 미련을 버리고 우리와 손잡읍

시다. 고려는 어차피 망할 나라 아니오. 늙어 죽을 때까지 함께 부귀영화를 누려 봅시다.'

정몽주는 이방원의 시조에 담긴 뜻을 재빨리 읽어 내고는 고개를 들었습니다.

"허허허, 목소리가 참 구성지시구려. 이번에는 제가 읊어 보일까요?"

"좋지요."

정몽주는 자기 앞에 놓인 잔을 비우고는, 낭랑한 목소리로 시조 한 수를 읊었습니다.

　　이 몸이 죽고 죽어 일백 번 고쳐 죽어,
　　백골이 진토 되어 넋이라도 있고 없고,
　　임 향한 일편단심이야 가실 줄이 있으랴.

이 시조가 그 유명한 '단심가'입니다. 이방원의 '하여가'에 답하여, 정몽주는 일백 번 죽어 백골이 티끌과 흙이 되어 넋이 있건 없건 고려를 섬기겠다고 한 것입니다.

이 시조 한 수로 정몽주의 속마음을 알게 된 이방원은 속으로 생각했습니다.

'당신 뜻이 정 그렇다면 할 수 없지. 죽일 수밖에……'

그 날 밤 늦게 집으로 돌아간 정몽주는 새벽녘까지 잠을 이루지 못했습니다.

나라가 편해야 신하가 편한 법입니다. 그러나 요즘 나라가 돌아가는 형편은 그렇지 못했습니다.

지금 나라를 떡 주무르듯 하는 사람은 이성계였습니다. 그는 나는 새도 떨어뜨릴 정도로 막강한 권력을 자랑하고 있었습니다. 임금을 자기 마음대로 바꾸기까지 했습니다.

남은·정도전·조준 등 이성계의 심복들은 고려 왕조를 뒤엎고, 이성계를 왕으로 한 새 왕조를 세우려 하고 있었습니다. 정몽주는 얼마 전부터 이들의 움직임을 날카롭게 지켜보고 있었습니다.

'이성계 일파를 그냥 내버려 둬서는 안 되겠다. 이들을 쫓아내야 한다. 그래야 우리 고려 왕조가 산다.'

이방원을 만나 이성계 일파의 속셈을 확실히 알게 된 정몽주는 마음 속으로 다짐했습니다.

'기회를 노리는 거다. 그래서 좋은 기회가 오면 가차없이 이성계 일파를 처치해 버리자.'

그런데 며칠 뒤, 벼르고 벼르던 정몽주에게 절호의 기회가 왔습니다. 명나라에서 돌아오는 세자를 황주까지 마중 나갔던 이성계가, 오는 길에 해주에 들러 사냥을 하다가 그만 말에서 떨어져 크게 다친 것입니다.

이 소식을 들은 정몽주는 간관 김진양을 만나 이렇게 말했습니다.

"이성계가 개경을 비운 틈을 타서 그의 심복들을 제거해야겠소. 그대는 내가 시키는 대로 하시오."

"알겠습니다, 대감님."

김진양은 정몽주의 지시대로 대궐로 들어갔습니다. 그리고 이성계의 심복들인 남은·정도전·조준·조박·남재·윤소종 등을 탄핵하여 옥에 가두게 했습니다.

이 소식은 금세 이방원의 귀에 들어갔습니다.

사태의 심각함을 깨달은 이방원은 황해도 예성강 하류에 있는 벽란도로 달려갔습니다. 이성계가 해주에서 벽란도로 옮겨와 있었던 것입니다.

"아버지, 여기서 주무시면 안 됩니다! 한시바삐 개경으로 돌아가셔야 합니다."

이방원은 개경에서 그 동안 어떤 일이 있었는지를 자세히 설명했습니다. 그리고는 아버지를 모시고 급히 집으로 돌아왔습니다.

그러는 동안 사흘이 지났습니다. 이방원은 애가 타서 견딜 수가 없었습니다. 그래서 이성계에게 이렇게 청했습니다.

"아버지, 가만히 있다가는 우리가 당합니다. 그 전에 정몽주를 죽여야 합니다."

그러나 이성계는 고개를 저을 뿐이었습니다.

"네가 나설 일이 아니다. 사람이 죽고 사는 것은 하늘에 달린 것……."

이성계를 설득하는 데 실패한 이방원은 집에 돌아와서도 안절부절못했습니다. 금방이라도 정몽주가 군사를 몰고 들이닥칠 것 같아 불안하고 초조했습니다.

그 때 광흥 참사 정탁이 찾아와서 이방원에게 말했습니다.

"결단을 내리셔야 합니다. 정몽주만 처치하면 모든 문제가 해결되는데 무엇을 망설이십니까?"

"자네 말이 맞아. 내가 망설이고 있을 때가 아니지."

이방원은 이렇게 말하고는 자신의 심복인 조영규·조영무·이부·고여 등을 집으로 불러들였습니다. 그리고 이들에게 정몽주를 없앨 것을 지시했습니다.

그런데 이성계의 형인 이원계의 사위 변중량이 이 계획을 눈치 채고 정몽주에게 알렸습니다.

정몽주는 사흘째 음식을 전혀 먹지 않고 사태를 지켜보고 있던 참이었습니다. 정몽주는 이성계가 어떤 상태에 있는지 궁금했습니다. 그래서 그의 동정을 살피기 위해 대담하게도 이성계의 집을 찾아갔습니다.

정몽주는 안채로 들어갔습니다.

이성계가 안방에 누워 있다가 정몽주를 맞이했습니다.

"대감이 웬일이십니까?"

"문병을 왔지요. 늦게 와서 죄송합니다. 그래, 몸은 어떠십니까?"

"덕분에 조금씩 나아지고 있습니다."

두 사람이 이야기를 나누는 그 시각, 이방원은 바깥채에서 심복들과 함께 있었습니다.

하인 한 사람이 정몽주가 안채에 와 있다고 이방원에게 알렸습니다.

그러자 이방원은 반색을 하며,

"마침 잘 됐다. 제 발로 들어왔으니 이 기회를 놓칠 수 없지."

하고는 조영규 등의 심복들에게 정몽주를 죽일 것을 명령했습니다.

한편, 이러한 사실을 까맣게 모르는 정몽주는 이성계의 집에서 나와 유원의 집으로 갔습니다. 유원은 판개성부사를 지낸 사람인데, 전날 세상을 떠난 것입니다.

정몽주는 초상집에서 제자인 권우를 만났습니다. 권우는 성리학자이자 문장가인 권근의 아우로, 뒷날 세종이 세자로 있을 때에 경사(경서와 사기)를 가르치게 됩니다.

정몽주는 문상을 마치고 권우와 함께 초상집을 나섰습니다. 밖은 이미 땅거미가 깔려 있었습니다. 두 사람은 말을 타고 길가로 나왔습니다.

그런데 얼마쯤 갔을까, 활과 화살을 지닌 젊은이 하나가 정몽주 앞을 가로질러 지나갔습니다.

"저, 저런 무엄한 놈!"

권우가 소리쳤지만 그 젊은이는 이미 멀리 달아난 뒤였습니다.

순간, 정몽주는 말을 멈추었습니다. 그는 어느 새 심각한 얼굴이 되어 있었습니다.

'틀림없어! 이성계 쪽 무사야. 내 목숨을 노리고 있구나.'

정몽주는 이렇게 판단하고 권우에게 말했습니다.

"자네는 나를 따라오지 말고 다른 길로 혼자 가게."

"스승님, 그럴 수는 없습니다. 제가 댁까지 모셔다 드리겠습니다."

"그럴 필요 없네. 어서 돌아가게."

"그래도 저……."

"돌아가라니까!"

정몽주가 역정을 내자, 권우는 할 수 없이 발길을 돌리고 말았

습니다.

혼자 몸이 된 정몽주는 천천히 말을 몰았습니다.

정몽주가 선지교에 이르렀을 때, 대여섯 명의 사내들이 불쑥 튀어나와 그를 에워쌌습니다. 그들은 저마다 무기를 들고 있었습니다.

"웬 놈들이냐?"

정몽주가 소리치자, 조영규는 대답 대신 철퇴를 휘둘렀습니다.

머리에 철퇴를 맞은 말이 피를 토하며 쓰러졌습니다.

정몽주도 길바닥으로 나동그라졌습니다.

그 때 고여의 칼이 허공을 갈랐습니다.

정몽주는 결국 선지교에 피를 적시고 숨을 거두었습니다. 이 때 정몽주의 나이 56세로, 1392년 4월 4일 이 날이야말로 고려 왕조의 마지막 기둥이 무너진 날이었습니다. 석 달 뒤, 이성계는 공양왕을 폐위시키고 스스로 임금의 자리에 올랐습니다.

고려의 마지막 충신의 피가 오래오래 지워지지 않았던 선지교에는, 그 후 대나무 한 그루가 자라났습니다.

이를 본 사람들은 이 때부터 선지교를, 대나무 '죽'자를 붙여 '선죽교'라고 바꿔 부르기 시작했습니다.

황희

청렴 결백한 명재상

1363~1452. 자는 구부(懼夫), 호는 방촌(尨村), 시호는 익성(翼成).

아버지 군서가 장수 현감으로 있을 당시 개경 가조리에서 태어났으며, 처음 이름은 수로였다. 1383년 진사시에 합격하고, 1389년에 문과에 급제, 1390년에는 성균관 학관이 되었다. 고려가 망하자, 두문동에 은거하던 중, 조정의 요청과 두문동 동료들의 천거로 1394년(태조 3년) 성균관 학관으로 제수되었다. 태종 때는 공조·형조·병조·이조·호조·예조 등 6조 판서를 두루 지냈다. 1418년 세자인 양녕대군의 폐출이 불가함을 건의하다가 교하로 유배되었다. 성품이 너그럽고 청렴하기로 이름이 높았으며, 저서로는 《방촌집》이 있다.

뙤약볕이 뜨겁게 내리쬐는 무더운 한여름이었습니다.

과거에 급제하여 성균관 학관이 된 황희는 어느 날 볼일을 보러 나왔다가 들길을 지나게 되었습니다.

황희는 땀을 비 오듯 흘렸고, 옷은 땀에 흠뻑 젖었습니다.

황희는 너무 더워 더 이상 걸을 수가 없었습니다. 그래서 나무 그늘 밑에서 잠시 쉬었다 가기로 했습니다.

그가 앉아 땀을 식히는 곳에서는 밭이 보였습니다. 늙은 농부 한 사람이 겨리(소 두 마리가 끄는 쟁기)를 부리어 밭을 갈고 있었습니다.

황희는 소들을 바라보았습니다. 검정소와 누렁소였습니다.

황희는 소들의 동작 하나하나를 눈여겨보다가 농부에게 물었습니다.

"영감님, 둘 중에 누가 더 일을 잘합니까? 검둥이입니까, 아니면 누렁이입니까?"

그러자 농부는 겨리질을 멈추고 황희에게 다가왔습니다.

"잠깐 귀 좀 빌립시다."

"예?"

황희는 영문을 몰라 어리둥절한 표정을 지었습니다.

농부가 황희의 귀에 입을 대고 소곤거렸습니다.

"누렁이가 훨씬 일을 잘 한답니다. 체격이 비슷해도 검둥이보

다 뚝심이 세고 부지런하지요."

농부는 귓속말을 하면서도 밭에서 쉬고 있는 소들의 눈치를 보고 있었습니다.

황희는 어이가 없었습니다.

"아니, 영감님! 왜 소 앞에서 쩔쩔매십니까? 귓속말까지 하시고……."

"허허, 몰라서 물으십니까? 아무리 말 못하는 짐승이지만 지킬 것은 지켜야지요. 허물을 말하는데, 짐승이라고 듣기 좋겠습니까?"

농부의 말을 듣고 황희는 무릎을 쳤습니다. 큰 교훈을 얻은 것입니다.

'앞으로는 말과 행동에 각별히 유의해야겠구나.'

황희는 이렇게 결심하고, 그 후로는 인격 수양에 힘썼습니다.

황희는 1363년(공민왕 12년), 개경 가조리에서 태어나 1383년에 진사시에 합격하고, 1389년에는 문과에 급제했습니다. 그리고 이듬해 성균관 학관이 되었습니다.

1392년에 고려가 망하자, 황희는 고려조의 충신들과 함께 두문동(지금의 경기도 개풍군 광덕면 광덕산 서쪽)으로 들어갔습니다.

황희는 두문동에서 풀뿌리와 나무 뿌리를 캐어 먹으며 2년 동안 숨어 살았습니다. 흔히 집에만 있고 세상 밖으로 나가지 않는 것을 '두문 불출'이라고 하는데, 그것은 여기에서 생겨난 말입니다.

황희가 두문동에서 나온 것은, 이성계의 끈질긴 요청과 두문동 충신들 중 그의 재주를 아까워한 몇 사람의 권유가 있었기 때문입니다.

'나라가 바뀌어도 백성은 그대로이다. 충절을 지키는 것보다 백성을 돌보는 것이 더 중요한 일이다.'

황희는 이렇게 생각을 바꾸고는 조선 왕조에서 벼슬길에 올랐습니다. 그 후 황희는 성균관 학관 겸 세자 우정자로 출발하여 형조·예조·이조 등의 정랑을 거쳐, 태종 때는 공조·형조·병조·이조·호조·예조 등 6조 판서를 두루 지냈습니다.

그리고 세종 때는 좌참찬, 강원도 관찰사, 예조 판서를 역임하고 우의정, 좌의정을 거쳐 무려 18년 동안 영의정을 지냈습니다.

황희는 벼슬살이를 하면서 많은 공을 세웠습니다. 호조 판서 때는 방방곡곡에 뽕나무 묘목을 심게 하고 누에 치는 법을 가르쳐, 백성들의 의생활에 큰 도움을 주었습니다. 뿐만 아니라 곡식 종자를 나누어 주며 농사짓는 방법을 자세히 알려 줘, 백성들의 살림을 풍족하게 했습니다.

형조 판서 때는 조선의 기본 법전인 '경제육전'을 새롭게 고쳐 펴냈으며, 병조 판서 때는 평안도에 병마 도절제사를 두어 오랑

캐로부터 백성들을 보호했습니다.

이 밖에도 예법을 조선의 실정에 맞게 고치고, 천첩 소생의 천역을 면제하는 등 나라의 기틀을 바로잡는 데 크게 기여했습니다.

영의정 때는 명망과 경륜이 있는 재상으로서 세종을 잘 보필하여, 개국 이래 태평성대를 누리게 했습니다.

황희는 인품이 너그럽고 청렴하여 모든 백성들로부터 존경을 받았습니다.

　황희는 '허허 정승'이라 불렸습니다. 집에 있을 때 손자, 손녀나 종의 자식들이 함부로 떠들거나 덤벼들어 수염을 뽑아도, '허허' 하고 웃기만 했기 때문입니다.

　하루는 이석형이 황희의 집을 찾아왔습니다. 이석형은 뒷날 대사헌, 판중추부사 등을 지내는데, 당시는 아직 그가 젊었을 때였습니다.

　하녀가 술상을 차려 왔습니다. 술상에는 술과 안주가 그득했습니다.

　두 사람은 마주 앉아 이야기를 나누며, 술을 마시기 시작했습니다.

　그런데 잠시 뒤, 갑자기 방문이 확 열리더니 어린아이 셋이 방 안으로 뛰어들어왔습니다. 그 아이들은 종의 자식들이었습니다.

　"와, 녹두 부침개다!"

　아이들은 군침을 흘리며 술상으로 덤벼들었습니다. 안주는 순식간에 동이 나 버렸습니다.

　안주를 먹어치운 뒤, 아이들은 황희에게 덤벼들었습니다. 먹고 나니 힘이 솟는 모양이었습니다.

　아이들은 황희의 얼굴을 때리고, 수염을 잡아당겼습니다. 그것도 부족해서 한 녀석은 황 정승의 등에 오줌을 누었습니다.

그래도 황희는 '허허' 웃고 있었습니다. 아이들이 버릇없는 짓을 해도 그저 귀여운 모양이었습니다.

이석형은 이 광경을 보고 큰 감동을 받았습니다. 황희의 그 너그럽고 인자한 성품에 고개가 숙여질 뿐이었습니다.

그런데 어쩐 일인지 이 너그럽던 황희가 김종서에게 만큼은 무척 엄하게 대하는 것이었습니다.

김종서가 조금이라도 잘못하면 그냥 넘어가는 법이 없었습니다. 언제나 불호령이 떨어졌습니다. 그 때마다 김종서는 진땀을 빼며, 숨도 제대로 못 쉬었습니다.

한번은 회의를 하는데 김종서가 술냄새를 풍기며 나타났습니다. 김종서는 취기 때문인지 의자에 비스듬히 앉아 거만하게 주위를 둘러보았습니다.

이 때 황희가 하인을 불러 명했습니다.

"보료(솜이나 짐승의 털 따위로 속을 두껍게 넣어, 앉는 자리에 늘 깔아 두는 요)를 가져오너라. 그래서 김 대감의 다리를 받쳐 주어라."

이 말을 듣자마자 김종서는 정신이 번쩍 들면서 술이 확 깼습니다.

'아뿔싸, 내가 또 실수를 했구나.'

김종서는 얼굴이 빨개졌습니다.

황희는 노기 띤 얼굴로 말했습니다.

"김 대감! 조정에서 회의를 하는데 앉는 자세가 그게 뭐요? 상감마마 앞에서도 그러실 겁니까?"

"제, 제가 잘못했습니다."

"그것뿐이 아니오. 조정 대신이 모인 자리에 술을 마시고 오다니 그게 될 법한 일이오? 술에 취해서 나라일을 보시겠다는 겁니까?"

김종서는 황희의 꾸지람을 듣고 몸둘 바를 몰랐습니다. 쥐구멍이라도 있으면 숨고 싶은 마음뿐이었습니다.

이런 일이 빈번히 일어나다 보니 벼슬아치들은 수군거렸습니다. 황희가 지나치다는 의견이었습니다.

어느 날, 맹사성 대감이 황희에게 말했습니다.

"김종서의 체면도 살려 주셔야지요. 벼슬이 판서 아닙니까? 한 두 번도 아니고 사사건건 나무라시니, 참 듣기 민망합니다."

"맹 대감, 제가 김 대감이 미워서 그러는 줄 아십니까? 천만의 말씀입니다. 저는 김 대감을 사람으로 만들고 있는 중입니다. 그의 성품이 매사에 신중하지 못하고 거친데, 잘 다듬지 않으면 안 되기에 훈련을 시키고 있는 겁니다. 김 대감이야말로 우리 다음 세대를 이끌 큰 재목이 아닙니까?"

맹사성 대감은 황희의 말을 듣고 그 깊은 뜻에 저절로 고개가

숙여졌습니다.

　황희는 또한 평생 검소한 생활을 하였는데, 시력을 아낀다고 한쪽 눈을 가린 채 책을 읽을 정도였습니다. 그리고 지붕을 고칠 돈이 없어 그의 집은 늘 비가 샜습니다.

어느 날, 세종이 황희의 집에 잠깐 들르게 되었습니다.

황희는 임금을 정중히 안방으로 모셨습니다. 임금은 안방을 둘러보고는 깜짝 놀랐습니다. 방 안이 너무나 초라했기 때문입니다. 방 안을 장식하고 있는 것은 아무것도 없었습니다. 곡식을 너는 데 쓰는 멍석이 방바닥에 깔려 있을 뿐이었습니다.

'세상에, 재상의 집에 장롱 하나 없다니……. 돗자리 대신 멍석은 또 뭔가.'

임금은 자기도 모르게 중얼거렸습니다.

"멍석을 깔았으니, 등이 가려울 때 비비면 시원하겠는걸."

임금은 대궐로 돌아와서도 황희의 가난한 집 풍경이 머릿속에서 떠나지 않았습니다.

임금은 황희를 돕고 싶었습니다. 그래서 신하를 불러 말했습니다.

"내일 날이 밝으면 사대문 안에 들어오는 계란을 몽땅 사서 황 정승 댁에 보내거라."

"예, 분부대로 하겠습니다."

다음 날이 되었습니다. 그런데 공교롭게도 그 날부터 장마가 시작되었습니다. 태풍이 불고 홍수가 났습니다. 계란 장수들은 사대문 안으로 들어오지 못하고 밖에서 묵었습니다.

며칠 뒤, 장마가 끝났습니다. 그제서야 사대문 안으로 계란 장수들이 모여들었습니다.

신하는 그들이 가져온 계란을 몽땅 사서 황희의 집으로 가져갔습니다.

"상감마마께서 청백리에게 주시는 하사품입니다."

황희는 계란 꾸러미들을 기쁘게 받았습니다. 그런데 나중에 살펴보니 모두 곯아 있었습니다. 장마철을 만나 며칠 묵은 탓이었습니다. 그래도 황희는 임금의 은혜를 생각하며, 눈물을 흘렸다고 합니다.

세종의 가장 신임받는 재상으로 이름이 높았던 황희는, 90세의 나이로 세상을 떠났습니다.

이항복

개구쟁이 시절을 보낸 명재상

1556~1618, 자는 자상(子常), 호는 백사(白沙).

조선 중기의 문신으로 오성 대감으로 널리 알려졌다. 특히, 친구인 한음 이덕형(李德馨)과의 돈독한 우정에 관한 이야기로 유명하다. 1580년 문과에 급제하였으며, 1589년에는 정여립의 모반 사건을 지혜롭게 수습하여 공을 세웠다. 임진왜란 때에는 선조와 왕비, 왕자 등을 호위하여 피난시키는 데 힘썼다. 그 공으로 후에 영의정에 올랐으며, 1602년에는 오성 부원군에 봉해졌다. 그해에 탄핵을 받고 물러났다가 다시 좌의정이 되어 도체찰사를 겸하고, 우의정이 되었다. 1617년에 인목대비를 내쫓자는 의견에 반대하다가 북청으로 귀양가서 다섯 달 만에 세상을 떠났다. 저서로는 《백사집(白沙集)》, 《사례훈몽(四禮訓蒙)》, 《북천일록(北遷日錄)》과 시문 등이 있다.

1556년(명종 11년) 10월의 어느 날이었습니다.

한성부 필운동의 참찬(정2품) 이몽량의 집이 발칵 뒤집혔습니다. 아기가 태어난 지 사흘이 되었는데도 전혀 울지 않고, 젖도 먹지 않는 것이었습니다.

어머니 최씨는 아기가 걱정스러웠습니다.

'벙어리가 아닌 바에야 울지 않을 리가 없는데……. 저러다가 굶어 죽으면 어쩌지?'

최씨는 걱정하다가 급기야는 용하다고 소문난 점쟁이를 집으로 불러오게 되었습니다. 이 점쟁이는 말없이 아기의 얼굴을 이모저모 뜯어보더니 마침내 입을 열었습니다.

"걱정하지 마십시오. 점괘가 아주 좋아요. 장차 크게 이름을 떨칠 아기예요. 내일부터는 입을 떼고, 젖도 먹을 것입니다."

이튿날이 되자 아기는 점쟁이의 말대로 입을 떼어 울고, 젖도 먹기 시작했습니다.

이 아기가 뒷날 명재상으로 사람들의 존경을 받는 백사 이항복입니다. 나중에 '오성 부원군'으로 봉해져 세상에는 '오성 대감'으로 더 알려져 있습니다.

이항복은 어려서부터 개구쟁이로 유명했습니다. 걸핏하면 동네 아이들과 싸움을 벌였으며, 좀더 자라서는 패싸움도 예사로 했습니다.

　이항복의 부모는 아들 때문에 걱정이었습니다. 장차 무엇이 되려는지 속상할 때가 한두 번이 아니었습니다.
　그러나 이항복은 장난이 심했다뿐이지, 마음씨는 착한 아이였습니다.
　하루는 밖에 나갔다가 느지막이 들어오는 아들을 보고, 어머니는 깜짝 놀랐습니다. 나갈 때는 분명 새 옷을 입고 있었는데, 지금은 벌거벗고 있었던 것입니다.
　"어떻게 된 거니?"
　어머니가 묻자 이항복은 대답 대신 씩 웃었습니다.
　"새 옷은 어디다 버리고 왔느냐니까?"

"남 줬어요. 헌 옷을 입은 아이가 하도 내 옷을 부러워하길래……."

또 한 번은 이런 일도 있었습니다.

이항복이 사는 마을에는 대장간이 하나 있었습니다. 대장간은 풀무를 차려 놓고, 쇠를 달구어 온갖 연장을 만드는 곳입니다. 호미, 낫, 괭이 등 농사에 쓰이는 기구뿐 아니라 징도 만들었습니다. 징은 말이나 소의 발굽에 박는 쇠붙이입니다.

이항복은 대장간에 자주 놀러 왔습니다. 대장간에서 대장장이가 땀을 뻘뻘 흘리며 일하는 광경을 말없이 지켜 보다가 돌아가곤 했습니다. 그런데 이항복이 가고 나면 징이 꼭 하나씩 없어지는 것이었습니다.

대장장이는 생각했습니다.

'틀림없어. 항복도련님이 가져간 거야. 도련님은 징을 장난감으로 아나 보지?'

대장장이는 이항복이 괘씸해서 그냥 두고 볼 수가 없었습니다. 그래서 버릇을 고쳐 놓으리라 마음먹었습니다.

어느 날, 대장장이는 이항복이 나타날 때쯤 되어 징을 불에 달구었습니다. 그리고 그 징을 바닥에 떨어뜨렸습니다.

잠시 뒤, 이항복이 대장간에 들렀습니다.

대장장이는 시치미를 뚝 떼고 일하는 척했습니다. 하지만 그의

신경은 온통 이항복에게 쏠려 있었습니다.

이항복은 여느 날처럼 바닥에 쪼그리고 앉았습니다. 그리고 슬그머니 손을 뻗어 징을 거머잡았습니다.

'앗!'

이항복은 징에서 재빨리 손을 뗐습니다. 비명 소리가 목까지 올라왔지만 이를 악물었습니다.

'어디 두고 보자!'

그러나 이항복은 속으로 이렇게 중얼거리며, 태연히 대장간을 나왔습니다.

오히려 놀란 것은 대장장이었습니다.

'세상에! 뜨겁지도 않나 봐.'

그 후에도 이항복은 대장간을 드나들고, 여전히 징을 집으로 가져갔습니다.

그로부터 몇 달 뒤, 이항복의 집에서는 생일 잔치가 열렸습니다. 아버지 이몽량의 생일 잔치였습니다.

이항복은 송편을 먹다가 문득 대장장이가 생각났습니다.

'지난번에 내게 골탕을 먹였겠다? 요번에는 어디 혼 좀 나 봐라.'

이항복은 부엌으로 달려가서 송편 한 접시를 얻어 왔습니다. 그리고는 밖에서 마른 똥을 구해, 송편 하나에 가득 채워 넣었습니다.

이항복은 송편 접시를 들고 대장간을 찾아갔습니다.

대장장이가 눈을 동그랗게 뜨고 말했습니다.

"어쩐 일이십니까? 도련님께서 손수 떡을 가져오시고요."

"나라고 떡을 가져오지 말란 법이 있나? 잔치 떡이니까 맛있게 드시오."

이항복은 송편 접시를 바닥에 내려놓고 대장간에서 나왔습니다.

'히히, 얼마나 맛있게 먹나 한번 볼까?'

이항복은 곧장 집으로 가지 않고 문틈으로 대장간 안을 엿보았습니다.

대장장이는 일손을 잠시 멈추고 송편 하나를 집어 입에 넣었습니다.

"야, 맛있다."

대장장이는 송편을 씹어 삼킨 뒤 다른 송편을 입에 넣었습니다.

"냠냠, 쩝쩝! 입에서 살살 녹네."

대장장이는 한꺼번에 송편 세 개를 입에 넣었습니다. 하나하나 집어 먹자니 감질이 나서였습니다.

그런데 이 때였습니다. 대장장이는 갑자기 오만상을 찌푸렸습니다.

"아니, 송편 맛이 왜 이래? 이거 똥이잖아! 퉤퉤!"

대장장이는 하얗게 질린 얼굴로 먹은 떡을 모두 토하고 말았습니다.

이항복은 이 광경을 보고 배꼽을 잡았습니다.

'꼴좋다. 나를 곯린 죄다.'

이항복은 낄낄거리며, 집으로 돌아갔습니다.

며칠 뒤, 이항복은 또 대장간으로 갔습니다. 지난번 일이 좀 지나치지 않았나 싶어 사과를 하기 위해서였습니다. 그런데 그 날따라 대장간 문이 닫혀 있었습니다.

'웬일이지? 어디 갔나? 혹시 똥 섞인 송편을 먹고 배탈이 난 것 아냐?'

이항복은 궁금증이 나서 견딜 수가 없었습니다. 그래서 대장장이 집으로 직접 찾아갔습니다.

이항복은 대장장이 집에 가서야 궁금증이 풀렸습니다. 얼마 전에 대장장이의 어머니가 돌아가셨다는 것입니다.

그런데 집안 형편이 말이 아니었습니다. 어머니가 오랫동안 병을 앓아, 약값 때문에 많은 빚을 지고 있었기 때문이었습니다.

대장장이의 딱한 사정을 알게 된 이항복은, 집에 갔다가 하인을 앞세우고 다시 대장장이의 집으로 왔습니다. 하인은 지게에 독을 싣고 있었습니다.

하인이 대장장이 집 마당에 독을 내려놓자, 이항복이 말했습니다.

"받으세요. 제가 그 동안 모아 놓은 징이에요."

"예?"

대장장이는 독을 가득 채운 징을 보고 눈이 동그래졌습니다.

"이렇게나 많이……."

"제가 장난삼아 가져간 건데, 이걸 팔아 빚을 갚으세요. 그리고 그 동안 마음고생을 시켜 드려서 죄송해요. 지난번 그 일은 정말 미안하고요."

"도, 도련님! 저 같은 걸 이렇게 생각해 주시다니…….감사합니다."

대장장이는 끝내 눈물을 흘리고 말았습니다.

이항복은 이처럼 개구쟁이이면서도 인정이 많았습니다.

9세 때 아버지를 여읜 이항복은 어머니의 가르침을 받고 학업에 전념하게 되었습니다.

이항복은 16세 때 어머니마저 잃고 3년상을 마친 뒤, 성균관으로 들어갔습니다. 그리고 성균관에서 밤낮을 가리지 않고 열심히 공부했습니다.

그리하여 25세가 되는 해인 1580년(선조 13년)에는 과거 시험에 합격할 수 있었습니다.

이항복은 권지부정자로 관직에 첫발을 내디딘 뒤, 여러 벼슬을 거쳐 임진왜란 때 병조 판서로 눈부신 활약을 했습니다. 이항복은 정유재란 때 다시 병조 판서가 됨으로써 다섯 번이나 병조 판서를 지내는 진기록을 남겼습니다.

1608년에 선조가 죽고 광해군이 임금의 자리에 올랐습니다.

이 때 권력을 잡은 것은 이산해·이이첨·정인홍 등의 '대북파'였습니다. 이들은 광해군이 세자로 있을 때 광해군을 끝까지 지지했던 무리였습니다. 선조는 세자인 광해군 대신 영창대군을 왕세자로 세우려고 했으나, 대북파가 이를 반대했던 것입니다.

1613년에 대북파는 계략을 꾸며, 어린 영창대군을 강화도로 보냈다가 이듬해 죽였습니다. 그리고 1617년에는 영창대군의 어머니인 인목대비를 서궁에 유폐(아주 깊숙이 가두는 것)시키더니, 왕비에서 폐위시켜 평민으로 만들어 버리려고까지 했습니다.

이 때 이를 반대하고 나선 것이 이항복이었습니다. 따라서 이항복은 당연히 대북파의 미움을 살 수밖에 없었습니다.

1618년, 이항복은 관직을 빼앗기고, 함경도 북청 땅으로 귀양을 떠나게 되었습니다. 이항복은 강원도에서 함경도로 넘어가는 철령 고개에서 다음과 같은 시조를 읊었습니다.

철령 높은 봉에 쉬어 넘는 저 구름아.

고신원루(임금의 사랑을 받지 못하는 외로운 신하의 원통한 눈물)를 비삼아 띄워다가
임 계신 구중심처(임금이 있는 대궐 안)에 뿌려 볼까 하노라.

귀양을 가는 자신의 심정을 그대로 담아 읊은 시조였습니다.
이항복은 북청에 온 지 5개월 뒤인 5월 13일, 세상을 떠났습니다. 향년(죽은 사람의 나이) 63세였습니다.

과학자편

최무선 화약으로 왜구를 무찌른 발명가

문익점 온 백성을 따뜻하게 입힌 겨레의 은인

장영실 조선의 발명왕

허준 '동의보감'을 펴낸 의성

김정호 우리 나라 지도를 만든 지리학자

이제마 '사상 의학'을 창안한 한의학자

최무선

화약으로 왜구를 무찌른 발명가

?~1395, 고려 말과 조선 초의 무신으로, 왜구가 창궐하자, 화약 제조법의 필요성을 절감하고 원나라 이원(李元)에게서 그 제조법을 배웠다. 1377년(우왕 3년) 화통도감(火㷁都監)을 설치케 하여 화약을 만들고, 대장군(大將軍)·이장군(二將軍)·삼장군·육화석포(六火石砲)·화포(火砲)·신포(信砲)·화통·화전(火箭)·철령전(鐵翎箭) 등의 화기를 제조하는 한편, 이를 실을 전함 건조에도 힘썼다. 1380년 왜구가 대거 침입했을 때 부원수로서 진포에서 화포·화통 등을 처음으로 사용, 왜선 500여 척을 전멸시켜 영성군(永城君)에 봉해졌다. 1383년 남해 관음포에 침입한 왜구를 격파했고, 1389년(창왕 1년) 화통도감이 철폐되자 《화약 수련법(火藥修鍊法)》, 《화포법(火砲法)》을 저술하였다.

예성강 나루터는 아침부터 활기가 넘쳤습니다.

오늘은 중국 상선이 들어오는 날입니다. 배가 도착하면 짐을 실어 가려고, 수많은 마차가 대기해 있었습니다.

마차꾼들은 삼삼오오 모여 앉아 이야기 꽃을 피우며, 배를 기다리고 있었습니다.

"여보게, 저 양반 알지?"

"누구 말이야?"

"저기, 저 사람……."

마차꾼 하나가 마차꾼 무리로부터 떨어져 앉아 있는 50대의 남자를 턱으로 가리켰습니다. 그 남자는 유유히 흐르는 강물을 하염없이 바라보고 있었습니다.

"저 양반이 바로 '최무선'이야."

"최무선? 아, 화약에 미쳤다는 사람 말인가?"

"맞았어. '화약 귀신'에 씌었는지, 화약을 만든다고 밤낮없이 집 안에 틀어박혀 있더니만 요즈음엔 여기에 와서 살다시피 해."

"왜 그러지?"

"중국 배를 기다리는 거지."

"중국 배를? 아니, 왜?"

"잠시만 기다려 봐. 그 까닭을 알게 될 테니까."

두 마차꾼이 이야기를 마쳤을 때, 강 저편에 커다란 배 한 척이 나타났습니다. 중국 상선이었습니다.

배가 나루터에 닿자, 마차꾼들이 일어섰습니다. 마차꾼들은 중국 상인들과 흥정을 한 뒤, 배에 가득한 짐을 부려 마차에 실었습니다.

잠시 뒤, 최무선이 중국 상인들에게 다가갔습니다.

"실례합니다. 잠깐 시간 좀 내주실 수 있습니까? 한 가지 여쭈어 볼 일이 있어서……."

최무선이 유창한 중국말로 이렇게 묻자, 중국 상인들은 최무선을 돌아보았습니다.

"무슨 일입니까? 말씀해 보십시오."

"예, 저…… 여러분 중에 혹시 화약 만드는 법을 아는 분이 계십니까?"

"화약 만드는 법이오? 우리는 장사꾼이지 기술자가 아닙니다."

중국 상인들 가운데 가장 나이 들어 보이는 사람이 대답했습니다.

그러자 최무선의 얼굴에 실망의 빛이 떠올랐습니다.

"잘 알겠습니다. 그럼 이만……."

최무선은 힘없이 나루터를 떠났습니다. 그의 어깨는 축 처져 있었습니다.

이 광경을 지켜본 마차꾼이 동료에게 말했습니다.

"이제야 그 까닭을 알겠군. 화약 만드는 법을 아는 중국 사람

을 찾느라, 이 나루터를 맴돌았군그래."

"하지만 부질없는 짓이야. 어느 세월에 화약 기술자를 만나겠어? 괜한 헛수고하지 말고 일찌감치 포기해야지."

"그건 그래."

"설령 화약 기술자를 만난다 해도, 그 비법을 전해 받는 것은 불가능해. 왜냐하면 명나라에서는 화약 기술을 함부로 퍼뜨리면 사형에 처하거든. 이런 사실을 잘 알 텐데도 계속 저러는 걸 보면, 최무선 저 양반도 참 대단해."

"화약에 미쳤으니 그럴 만도 하지."

두 마차꾼의 말처럼 최무선은 화약에 미친 사람이었습니다.

젊었을 때 군기감(고려 시대에 병기를 만드는 관아)에서 일했던 최무선은, 30년 가까이 화약에 대해 연구하고 있었습니다.

최무선이 화약에 관심을 갖게 된 것은 순전히 왜구 때문이었습니다.

그 당시 고려는 일본의 해적 집단인 왜구 때문에 골머리를 앓고 있었습니다. 왜구는 100척에서 500척의 배로 떼를 지어 돌아다니며, 사람을 해치고 재물을 빼앗았습니다. 뿐만 아니라 사람을 잡아 노예로 팔거나,

왕릉을 파헤쳐 문화재를 훔쳐 가기까지 했습니다.

지방에서 세금으로 거둔 곡식을 개경으로 실어 나르는 배는 왜구들의 단골 '사냥감'이었습니다. 그래서 1376년(우왕 2년)에는 왜구 때문에 곡식 운반을 중단하기까지 했습니다.

최무선은 왜구의 약탈 소식을 들을 때마다 분노가 치밀었습니다. 그리고 그 때마다 어떻게 하면 왜구들을 물리칠까 궁리하였습니다. 그러다가 좋은 생각이 떠올랐습니다.

'그래, 화약을 만드는 거다. 화약만 있으면 왜구들을 모조리 소탕하게 될 것이다.'

최무선은 이렇게 생각하고 그 날부터 화약 연구에 매달렸습니다. 그는 중국 과학책을 닥치는 대로 구해 읽는 한편, 중국말을 열심히 배워 두었습니다. 연구에 전념하기 위해 군기감 관리직도 그만두었습니다.

그러던 어느 날, 최무선은 마침내 화약 제조법을 알아냈습니다. 그는 기쁨을 감추지 못했습니다.

'고생한 보람이 있구나. 화약은 어떻게 만드나 했더니, 숯가루와 유황을 초석이란 것과 섞어서 만드는 것이었어!'

최무선은 다시 연구와 실험을 계속했습니다. 화약의 원료 가운데 하나인 초석을 만드는 것이 연구 과제였습니다.

최무선은 밤낮을 잊고 연구에 몰두했습니다. 그런 가운데 세월은 빠르게 지나갔습니다. 그의 머리는 성에가 낀 듯 하얗게 세었습니다.

그러나 최무선은 아직까지 초석 만드는 법을 알아내지 못하고 있었습니다. 이러다가 끝내 그 방법을 알아내지 못하고 죽는 게 아닌지 초초해서 견딜 수가 없었습니다.

생각다 못해 최무선은 예성강 나루터에 나가기 시작했습니다. 예성강 나루터에는 중국 상선이 드나드는데, 혹시나 그 배에 화약 기술자가 타고 있지 않나 하는 기대감에서였습니다.

최무선은 거의 날마다 나루터로 나왔습니다. 그리고 무작정 화약 기술자를 기다렸습니다.

그러던 어느 날, 최무선은 '이원'이라는 중국 상인을 만나게 되었는데, 알고 보니 이원은 화약 기술자였습니다.

최무선은 이원을 집으로 초대하여 융숭한 대접을 하였습니다.

이원은 최무선으로부터 그 동안 살아온 이야기를 듣고 큰 감동을 받았습니다. 나라 사랑의 뜻을 품고 화약 만드는 데 바친 그의 반평생이 숭고하게만 느껴졌습니다. 그래서 이원은 최무선에게 말했습니다.

"초석 만드는 법을 가르쳐 드리지요. 그 대신 비밀은 꼭 지켜 주셔야 합니다."

"여부가 있겠습니까. 어떠한 일이 있더라도 비밀을 꼭 지키지요."

최무선은 이원에게서 초석 만드는 법을 자세히 배웠습니다. 그리하여 마침내 화약을 만들 수 있게 되었습니다.

1377년(우왕 3년), 최무선은 왕과 대신들이 지켜보는 가운데 화약 실험을 했습니다. 그 실험은 아주 성공적이었습니다.

우왕은 크게 기뻐하며, 최무선에게 말했습니다.

"그대의 공이 크도다. 그래, 소원이 있으면 말해 보아라."

"예, 상감마마. 저는 이 화약을 못된 왜구를 무찌르는 데 사용하겠습니다. 상감마마께서 허락만 해 주신다면, 화약뿐 아니라 화약을 쏠 무기들을 만들 임시 관청을 세우고 싶습니다."

"허락하노라. '화통도감'을 세워 그대에게 맡기니, 화약과 무기들을 만들도록 하라."

최무선은 우왕의 명에 따라 화통도감의 책임자가 되었습니다.

그리하여 최무선은 화통도감에서 대장군·이장군·삼장군·육화석포·화포·신포·화통·화전·철령전·피령전·철탄자·천산오룡전·유화·주화·촉천화 등 50여 가지의 새로운 무기를 만들었습니다.

그로부터 3년 뒤, 이러한 무기들을 시험해 볼 절호의 기회가 왔습니다. 1380년 가을, 왜구들이 500척의 배에 나눠 타고 진포(지금의 충청 남도 서천) 앞바다에 침입해 온 것입니다.

조정에서는 최무선을 부원수로 임명하여, 도원수 심덕부·상원수 나세와 함께 왜구에 맞서 싸우게 했습니다.

최무선은 미리 만들어 둔 100척의 배에 화약과 무기들을 가득 싣고 진포 앞바다로 갔습니다.

왜구들의 배는 텅 비어 있었습니다. 모두들 뭍으로 약탈하러 떠난 것입니다. 최무선은 병사들에게 발포 명령을 내렸습니다. 그러자 왜선 500척은 모조리 격파되어, 물 속에 가라앉아 버렸습니다.

그 때, 약탈을 하고 돌아온 왜구들은 단 한 척의 배도 남아 있지 않는 것을 보고 깜짝 놀랐습니다. 그들은 정신 없이 뭍으로 달아나기 시작했습니다.

왜구들은 닥치는 대로 사람을 죽이고 재물을 뺏으며, 함안과 운봉(지금의 남원) 등지를 휩쓸었습니다. 이렇게 되자 조정에서는 이성계를 양광·전라·경상도 순찰사로 임명하여 왜구들을 토벌케 했습니다.

이성계는 군사들을 거느리고 운봉을 넘어 황산(지금의 남원 근처) 북서쪽에서 왜구들을 크게 무찔렀는데, 이 싸움을 '황산 대첩'이라고 합니다.

최무선은 이 때의 공을 인정받아 '영성군'에 봉해졌습니다.

그 후 최무선은 1383년 남해 관음포에 침입한 왜구를 쳐부수었고, 1389년(창왕 1년)에는 경상도 원수 박위가 왜구의 소굴인

대마도로 쳐들어가 화약 무기로 왜선 300여 척을 불태웠습니다.

1389년은 최무선에게 있어 희비(기쁨과 슬픔)가 엇갈린 한 해였습니다. 대마도 정벌의 기쁨이 채 가시기도 전에 이성계에 의해 고려가 망하고 조선 왕조가 세워졌습니다. 그리고 화통도감도 문을 닫게 되었습니다.

최무선은 땅을 치고 통곡했지만, 이미 엎질러진 물이었습니다. 최무선은 벼슬을 그만두고 고향으로 내려갔습니다.

그에게는 아직 할 일이 남아 있었습니다. 그것은 그 동안의 연구 결과들을 자세히 적어 책으로 묶어 내는 일이었습니다.

최무선은 '화약 수련법'과 '화포법'을 완성했습니다. 그리고는 1395년에 조용히 숨을 거두었습니다.

이 때, 그에게는 15세 된 아들 '최해산'이 있었습니다. 최해산은 아버지가 남긴 두 권의 책을 열심히 공부했습니다. 그리하여 5년 뒤에는 군기감의 관원이 되어, 아버지의 유업을 이었습니다. 최해산은 뒷날 군기감 소감(종5품)의 자리에 올라, 아버지 못지않게 많은 화약과 새로운 무기를 만들었습니다.

문익점

온 백성을 따뜻하게 입힌 겨례의 은인

1331~1398. 자는 일신(日新), 호는 삼우당(三憂堂), 시호는 충선(忠宣). 1360년(공민왕 9년)에 문과에 급제하여 김해부사록·순유박사 등을 지냈다. 1363년에 좌정언으로 서장관이 되어 계품사 이공수를 따라 원나라에 갔다가 돌아오면서 붓대 속에 목화씨를 감추어 가져왔고, 이를 장인 정천익과 함께 고향에서 재배하는 데 성공하였다. 목편을 보급한 공으로 1375년(우왕 1년) 전의주부로 등용되었고, 1389년에는 좌사의대부가 되었다. 공양왕 때 이성계 일파에 의하여 추진된 전제개혁에 반대했다가 조준)의 탄핵으로 밀려났다. 목화의 전래와 재배, 가공 등에 대한 내용이 《목면화기(木棉花記)》에 실려 있다.

'이곳으로 귀양을 온 지 벌써 3년이 되었구나. 흐르는 물과 같은 것이 세월이라더니……. 빠르긴 빨라. 아아, 가족들은 어찌 지내는지……. 해마다 겨울이면 추위로 고생이 많을 텐데.'

집 앞마당을 천천히 거닐던 문익점은, 먼 하늘을 올려다보며 한숨을 쉬었습니다. 그의 표정은 몹시 어두웠습니다.

문익점이 이 곳 교지(지금의 베트남 하노이) 지방으로 귀양을 온 것은 1364년입니다. 그 전해에 계품사 이공수를 따라 서장관(외국에 보내는 사신을 따라가는 임시 벼슬인 기록관으로, 정사·부사와 더불어 3사의 하나)으로 원나라에 건너온 문익점은, 뜻하지 않은 일에 휘말려 귀양살이를 하게 되었던 것입니다.

당시 원나라 황제 순제는 고려의 공민왕을 미워하고 있었습니다. 왜냐 하면 공민왕이 원나라 배척 운동을 일으켜, 친원파인 기씨 일파를 몰아내고 쌍성 총관부마저 없애 버렸기 때문입니다.

때마침 원나라에는 충선왕의 셋째 아들인 덕흥군이 와 있었습니다. 순제는 공민왕을 폐위하고, 덕흥군을 왕위에 앉혔습니다. 그리고 원나라에서 사는 모든 고려 사람들에게 덕흥군을 지지하라는 명을 내렸습니다.

그러나 문익점은 그 명을 거부했습니다. 그가 섬기는 임금은 덕흥군이 아니라 공민왕이었기 때문입니다.

그러자 순제는 크게 노하여 문익점을 덕흥군의 집에 42일 동안 가두었습니다. 그래도 문익점이 말을 듣지 않자, 머나먼 교지 땅으로 귀양을 보내 버렸습니다. 문익점은 귀양지에서 책읽기로 시간을 보낸 것이었습니다.

　문익점은 고려 충렬왕 때의 학자인 안향과 더불어 성리학의 대가로 꼽히는 인물이었습니다. 그는 유학에 관한 책들을 열심히 구해 읽는 한편, 틈틈이 농사에 관한 책도 보았습니다.

　농사에 관한 책 가운데 그가 즐겨 보는 책은 '농상집요'였습니다. 원나라 세조 때인 1286년에 간행된 이 책에는 논농사, 밭농사, 과실, 약초 등 농사에 관한 모든 것이 자세히 기록되어 있었습니다.

　문익점은 그 중에서도 특히 목화 재배에 관해 기록된 부분을 흥미 있어 했습니다. 책에 씌어진 대로 목화를 재배하여 옷감의 원료를 얻을 수 있다면 얼마나 좋을까 하는 생각이 미쳤을 때 그는 가슴이 쿵쿵 뛰었습니다.

　'우리 백성들이 입는 옷은 고작해야 삼베나 칡덩굴로 만든 옷이 아니면 짐승의 가죽으로 만든 옷이고, 잘사는 귀족쯤 되어야 비단이나 모시 옷을 걸치지 않는가. 삼베 옷 따위로는 겨울을 나기 힘들고……. 그런데 목화로 따뜻한 겨울옷을 지을 수 있다니! 목화야말로 헐벗은 백성들을 구할 꽃이로구나!'

　문익점은 서장관으로 원나라에 왔을 때, 연경(북경)에서 목화밭을 구경한 적이 있었습니다. 들판을 하얗게 뒤덮은 목화 송이들은 그야말로 장관이었습니다.

귀양살이 3년을 돌아보며 앞마당을 거닐던 문익점은, 그 때 그 목화밭이 눈에 선했습니다.

'지금이 가을이니 꽃이 활짝 피었겠구나. 귀양이 풀리는 날, 다시 한 번 들러야지.'

문익점이 이렇게 마음먹었을 때였습니다. 원나라 관리가 군사들을 거느리고 왔습니다.

"어명이오!"

원나라 관리는 순제의 명령을 전했습니다. 오늘 날짜로 귀양을 풀어 준다는 것이었습니다.

문익점은 기뻐서 어쩔 줄을 몰랐습니다

'아, 드디어 자유의 몸이 되었구나! 고국으로 돌아가야겠다.'

문익점은 여장을 꾸려 교지를 떠났습니다. 그리고 돌아가는 길에 연경에 들렀습니다.

문익점은 잊지 않고 목화밭을 찾아갔습니다. 넓은 들판에 목화가 가득 피어 있었습니다.

문익점은 목화밭에서 잠시 생각에 잠겼습니다.

'우리 나라에는 목화가 없으니 이것을 가져다가 심어야겠다. 그러면 우리도 나중에 중국 사람들처럼 옷을 해 입을 수 있지 않은

가. 그런데 가만있자! 원나라에서는 목화를 자기 나라 밖으로 가져가지 못하게 한다는데, 이를 어쩌지? 무슨 좋은 수가 없을까?'

문익점은 목화 한 송이를 땄습니다. 그 안에서 솜털이 달린 씨가 나왔습니다. 이 솜털을 모아서 솜을 만드는 것이구나 생각하며 씨를 내려다보는 순간, 좋은 생각이 떠올랐습니다.

'목화씨를 붓두껍 속에 감추는 거야! 그러면 들키지 않겠구나.'

문익점은 목화 두 송이에서 씨앗 열 개를 빼내 붓두껍 속에 감추었습니다. 그리고는 다시 길을 떠나 국경 지대에 이르렀습니다.

국경 지대는 경비가 삼엄했습니다. 원나라 병사들이 쫙 깔려 있었습니다.

국경선을 넘기 전엔 반드시 짐 검사를 받아야 했습니다. 짐 검사를 맡은 원나라 관리들은 철저했습니다. 무슨 짐이든 이 잡듯이 뒤졌습니다. 심지어 몸수색까지 했습니다.

문익점은 가슴이 조마조마했습니다. 원나라 관리가 붓을 찾아냈을 때는, 하마터면 비명을 지를 뻔했습니다.

"좋은 붓을 사셨군요."

"예······. 글솜씨가 변변치 않아서 붓은 좋은 걸 써야겠기에······."

"하하하, 그래요?"

그리고 그만이었습니다. 원나라 관리는 붓을 집어들었다가 도로 내려 놓았습니다.

문익점은 안도의 한숨을 내쉬었습니다.

문익점은 무사히 국경선을 지나 고국의 땅을 밟았습니다. 이 때가 1367년 2월이었습니다.

문익점은 궁궐로 찾아가 공민왕을 만났습니다. 공민왕은 문익점을 반갑게 맞이해 주었습니다.

"귀양살이를 하느라 객지에서 얼마나 고생이 많았소?"

"황공하옵니다."

"그대의 노고는 내가 잊지 않을 것이오. 그래, 4년 만에 고국으로 돌아왔는데, 제일 먼저 하고 싶은 일이 있으면 말해 보시오."

"예, 상감마마! 오랫동안 늙은 부모님을 모시지 못했는데, 이번에 휴가를 얻어 못다한 효도를 하고 싶습니다."

"역시 그대는 효성이 지극하구려. 뜻대로 하시오."

문익점은 공민왕에게서 휴가를 얻어 고향으로 내려갔습니다.

그의 고향은 경상도 강성현 사월리(지금의 경상남도 산청군 단성면 배양 마을)입니다.

문익점은 이 곳에서 1331년에, 정언(종4품) 벼슬

을 지낸 문숙선의 둘째 아들로 태어났습니다.

어렸을 때는 나중에 장인이 되는 정천익에게 천자문을 배웠으며, 11세 때는 한주(지금의 충청 남도 서천)로 가서 유명한 학자인 이곡의 제자가 되었습니다.

문익점은 이곡의 아들인 목은 이색과 함께 열심히 공부했습니다. 목은 이색은 문익점보다 세 살 위인데, 대문장가로서 학문과 정치에 커다란 발자취를 남긴 인물입니다.

문익점은 20세가 되자 경덕재에 들어갔습니다. 경덕재는 고려 시대에 유학을 가르치던 학교인 국학에 둔 7재의 하나로, '시경'을 전문적으로 강의했습니다.

23세 때 정동성 향시에 급제한 문익점은 1360년(공민왕 9년) 11월 25일, 포은 정몽주와 함께 문과에 급제하여 벼슬길에 올랐습니다.

문익점은 김해부 사록(정8품)으로 출발하여 순유 박사(성균관의 종7품 벼슬)를 거쳐, 1363년에는 좌정언(종6품)이 되었습니다. 그리고 같은 해에 원나라로 건너간 것입니다.

문익점은 고향에서 부모님을 만난 뒤, 장인 정천익을 찾아갔습니다.

정천익은 강성현 소남에서 태어나 배양 마을로 이사와서 살고 있었습니다.

문익점과 정천익은 사위와 장인 사이지만, 서로 시를 주고받을 만큼 아주 친했습니다. 그래서 다음과 같은 시가 지금까지 전해집니다.

세상일 어지러워 돌아보면 무엇하리.
대와 솔 푸른 그늘 뜨락에 가득한데
바람에 그윽한 뜻을 맡겨 두고 사느니.
　　　　　　　　　　ㅡ 정천익

산 이내 물에 어려 갈매기 하얀 날개
숨어서 사는 이 몸 뉘 있어 날아 주리.
골짜기 깊숙한 숲 속 드높은 뜻 기르네.
　　　　　　　　　　ㅡ 문익점

문익점은 정천익을 만나자마자 목화씨를 꺼내 보여 주었습니다.
문익점으로부터 자세한 설명을 들은 정천익은, 눈을 크게 뜨고 목화씨를 내려다보았습니다.
"호, 신기하기도 해라. 이것을 심어 기르면 옷을 해 입을 수 있단 말이지?"
"그렇습니다, 장인 어른."

"여보게, 우리 이렇게 하세. 자네가 가져온 목화씨를 반씩 나누어 각자의 밭에 심자구. 그래서 정성을 다해 꽃을 피우는 거야."

"알겠습니다."

문익점은 자기 몫의 목화씨 다섯 개를 텃밭에 심었습니다. 그리고 싹이 돋기를 기다렸습니다.

그러나 어찌 된 영문인지 아무리 기다려도 싹이 트지 않는 것이었습니다.

문익점은 고개를 갸웃거리며, 밭을 파헤쳐 보았습니다.

'맙소사! 전부 썩었잖아!'

문익점은 가슴이 내려앉았습니다. 하늘이 노랗게 보였습니다.

'나는 실패했지만, 장인 어른이 계시잖아.'

문익점은 정천익의 집으로 달려갔습니다.

그런데 장인은 부르지 않고 밭부터 살폈습니다. 다행히도 한 줄기 싹이 돋아나 있었습니다. 이것을 본 순간, 문익점은 기뻐서 어쩔 줄을 몰랐습니다.

그 날부터 문익점은 정천익의 집에서 거의 살다시피 하며, 온 정성을 다해 목화를 가꾸었습니다. 그리하여 그 해 가을에는 마침내 탐스러운 꽃이 피어나, 귀중한 목화씨를 1백여 개나 얻을 수 있었습니다.

문익점과 정천익은 이듬해 봄에 다시 목화씨를 밭에 뿌렸습니다.

가을이 되자, 밭에는 믿어지게 많은 목화 송이가 피어났습니다.

3년 뒤부터는 목화씨를 이웃에게 나누어 줄 수 있게 되어, 배양 마을은 온통 목화로 뒤덮였습니다.

그러나 목화밭을 둘러보는 문익점의 마음은 착잡했습니다. 목화 재배에는 성공했지만, 목화에서 실을 뽑아 옷감을 짜는 기술은 아직 알아내지 못했던 것입니다.

그러던 어느 날, 장인으로부터 연락이 왔습니다. 급히 집에 들르라는 전갈이었습니다.

문익점은 정천익의 집을 찾아갔습니다. 그 집에는 낯선 스님 한 사람이 장인과 함께 있었습니다.

정천익이 문익점에게 스님을 소개했습니다.

"이분은 멀리 원나라에서 오신 스님이네. 마침 우리 마을을 지나는 길에 목화꽃을 보시고 반가워 들르셨다는구먼. 어서 인사드리게."

"예, 장인 어른! 저는 '문익점'이라고 합니다."

"홍원입니다."

문익점은 원나라 스님과 인사를 나누었습니다.

홍원 스님이 말했습니다.

"고려에는 목화가 없는 줄 알았는데, 목화꽃을 보고 깜짝 놀랐습니다. 어찌나 반갑던지 고향 마을에 온 기분이었습니다."

문익점이 말했습니다.

"저희 나라에 목화가 들어온 지는 아직 3년밖에 되지 않았습니다. 그래서 목화에 대해 아는 것이 별로 없습니다. 목화로 옷감을 만든다는데, 도무지 그 방법을 모르니 원……."

"그 방법은 제가 잘 압니다. 가르쳐 드릴까요?"

"예?"

문익점과 정천익은 눈이 동그래졌습니다.

"그게 정말입니까? 스님께서 그 방법을 일러 주신다면 그 은혜는 평생 잊지 않겠습니다."

문익점은 흥분된 목소리로 말하며, 홍원 스님 앞으로 바짝 다가앉았습니다.

홍원 스님은 문익점과 정천익에게 목화에서 실을 뽑는 요령과 옷감 짜는 방법을 자세히 들려 주었습니다.

장인과 함께 옷감 한 필을 짠 문익점은 뛸 듯이 기뻤습니다. 간절히 바라던 일이 뜻밖에 이루어져 마치 꿈만 같았습니다.

문익점과 정천익은 목화 재배와 옷감 짜는 기술을 온 나라에 퍼뜨렸습니다.

10년도 못 되어 전국 방방곡곡에 목화꽃이 만발하고, 온 백성들은 따뜻한 무명옷을 지어 입게 되었습니다.

문익점은 1398년에 세상을 떠났는데, 나라에서는 그의 공을 기리어 조선조 태종 때에 '참지의정부사 예문관제학 동지춘추관사 강성군'의 관직이 추증(공이 많은 벼슬아치가 죽은 뒤에 나라에서 그 관위를 높여 주던 일)되었고, 세종 때에는 영의정과 부민후에 추증되었습니다.

장영실

조선의 발명왕

?~?, 조선 전기 과학자로, 관노였으나 재능이 뛰어나 세종의 명으로 중국에 파견되었다. 귀국 후, 노예의 신분을 벗어나 1423년(세종 5년)에는 상의원별좌에 임명되어 궁중기술자로 활동하였다. 1424년에는 물시계를 완성하여 정5품의 행사직으로 승진하였고, 1432년에는 천문관측의기 제작에 착수하여, 간의·혼천의를 완성하고, 대간의·소간의 및 휴대용 해시계인 현주일구·천평일구·정남일구·앙부일구·일성정시의·규표 등을 만들었다. 1434년에 새로운 형태의 물시계인 자격루(自擊漏)를 완성하여, 그 공로로 대호군에까지 승진하였고, 1438년 다시 천상 시계와 자동 물시계 옥루(玉漏)를 만들었다. 1442년에 그의 감독으로 제작된 왕의 가마가 부서져 투옥되고, 장형(杖刑)을 받은 뒤 파면당했다.

"**상감마마**, 부르셨사옵니까?"

"어서 오너라."

세종은 미소 띤 얼굴로 세 사람을 맞이했습니다.

세종 앞에 넓죽 엎드린 것은 부평 부사 최천구, 남양 부사 윤사웅, 그리고 경상도 동래현의 관노비(관가에 딸려 있는 노비)였던 장영실이었습니다. 최천구와 윤사웅은 천문학을 연구하는 학자였고, 장영실은 손재주가 뛰어난 발명가였습니다.

세종이 말했습니다.

"중국에 가서 천문학에 관한 지식을 배워 오너라. 특히, 장영실은 혼천의(천체의 위치나 운행을 관측하는 기계)의 설계 기술을 익혀서 혼천의를 만들기 바란다."

어명을 받은 장영실은 1421년(세종 3년), 최천구·윤사웅과 함께 명나라로 떠났습니다. 그리고 1년 뒤, 명나라에서 여러 가지 과학 기술을 배워서 고국으로 돌아왔습니다.

장영실은 돌아오자마자 천문 기구와 물시계 발명에 매달렸습니다. 중국에서 배워 온 기술을 바탕으로 연구에 연구를 거듭했습니다.

어느 덧 3년이란 시간이 흘렀습니다.

세종은 장영실로부터 그 동안의 연구 결과를 보고받고 기쁨을 감추지 못했습니다. 아직 발명까지는 아니었지만 그에 버금가는 정도의 단계였습니다.

　세종은 그의 노고를 치하하고, 노비의 신분에 있는 그에게 첨지 벼슬을 내렸습니다.

　장영실은 벼슬을 받고 감격의 눈물을 흘렸습니다. 기생의 아들로 태어나 평생 노비에서 벗어나지 못했을 그가 그 재주를 인정받아 관리가 되었으니, 파격적인 대우였습니다.

　장영실은 연구에 박차를 가했습니다. 그래서 7년 뒤에는 천체의 운행과 현상을 관측하는 기계인 '간의'를 만들었고, 곧이어 '혼천의'를 만들었습니다.

　장영실은 이 때의 공으로 호군(정4품)의 자리에 올랐습니다.

　그의 연구는 계속되었습니다. 1434년 6월, 장영실은 '자격루(물이 흐르는 것을 이용하여 스스로 소리를 나게 하여 시간을 알리도록 만든 시계)'를 만들었는데, 이것은 경복궁 남쪽 보루각에 설치되었습니다.

　세종은 이를 살펴보고 크게 기뻐하며, 장영실을 위해 큰 잔치를 베풀어 주었습니다.

　"훌륭하도다. 장영실이 만든 자격루는 원나라 순제 때의 것보다 훨씬 우수하구나."

　세종은 입에 침이 마르도록 장영실의 공로를 칭찬했습니다.

　그러나 장영실의 발명은 여기에 그치지 않았습니다. 장영실은

4년 동안 밤낮없이 연구에 열중했는데, 1438년 1월에는 또 다른 자동 물시계를 만들었습니다. '옥루'라고 불리는 이 자동 물시계는 경복궁 안 흠경각에 설치되었습니다.

세종을 비롯하여 조정 대신들은 새로운 발명품인 옥루를 보고 깜짝 놀랐습니다. 그것은 앞서 만든 물시계보다 더 정교한 것이었습니다. 흠경각 안에 높이 7자(약 2.1m) 가량의 종이산을 세우고, 거기에 해와 구름의 모형과 함께 갖가지 인형을 만들어 배치하였는데, 이들 인형이 북·종·징 등을 쳐서 시각을 알리게 하였던 것입니다. 또한, 종이산의 사방에는 농촌의 사계절 광경을 계절마다 그려, 계절의 변화를 한눈에 볼 수 있게 했습니다.

세종은 옥루가 신기하고 놀라워, 벌린 입을 다물지 못했습니다.

"허허, 이럴 수가……. 이 모든 기관이, 사람의 힘을 빌리지 않고 스스로 움직인단 말이지?"

"예, 전하! 사람의 힘이 아닌, 물의 힘으로 기계가 움직이는 것입니다."

"도무지 믿어지지가 않는구나. 기계 안에 도깨비가 숨어 있는 것도 아닌데, 어떻게……."

세종은 인형들이 북·종·징을 쳐서 시각을 알려 주는 장면을 보면서도, 고개를 갸웃거렸습니다. 꿈인지 생시인지 모르겠다는 표정이었습니다.

조정 대신들도 마찬가지였습니다. 귀신에게 홀린 듯, 자신의 눈을 의심했습니다.

옥루가 작동을 멈추자, 세종이 말했습니다.

"과연 신기에 가까운 솜씨야. 장 호군, 수고가 많았소."

"전하, 황공하옵니다."

"장 호군이야말로 우리 나라의 보배요. 과인은 그대가 만든 발명품들이 얼마나 자랑스러운지 모르오."

"전하……."

"밤낮을 가리지 않고 연구에 몰두하는 그대를 볼 때마다, 과인은 그대의 건강이 염려스럽소. 몸을 생각해서 쉬엄쉬엄 했으면 좋으련만……."

"……."

"장 호군, 어떻소? 이번 기회에 바깥 바람을 좀 쐬고 오는 것이? 과인이 그대를 경상도 채방별감으로 임명할 것이니, 경상도 지방의 광산 지대를 탐사하고 오시오. 가벼운 마음으로 다녀오시오."

"성은이 망극하옵니다."

장영실은 세종의 배려로 여장을 꾸려 경상도로 내려갔습니다.

장영실은 경상도 곳곳을 샅샅이 돌아다녔습니다. 그리하여 창원·울산·청송·의성 등지에서 새로운 동광과 철광을 발견하는 개가를 올렸습니다. 이 때의 공로로 장영실은 대호군(종3품)이 되었습니다.

장영실은 한양으로 돌아와 다시 연구를 계속했습니다.

그러던 어느 날, 장영실은 세종의 부름을 받았습니다. 급히 대궐로 들어가니, 세종이 서운관(천문·역수·측후 등의 일을 맡아 보던 관청) 직원과 함께 있다가 장영실을 맞이했습니다.

"장 대호군, 어서 오시오. 호조에서 측우기(비가 온 양을 재는 기구)를 만들어 달라는데, 그대가 이 일을 맡아 줘야겠소. 우선 서운관으로 가서 자료부터 살펴보시오."

장영실은 서운관 직원을 따라 서운관으로 갔습니다. 그러나 서

운관에는 측우기에 관한 책은 단 한 권도 없었습니다.

장영실은 측우기에 대한 아무런 정보도 얻지 못한 채 집으로 돌아갔습니다.

그 날 저녁 무렵부터 비가 내리기 시작했습니다.

장영실은 방문을 열고 생각에 잠겼습니다.

'측우기를 만들어야 할 텐데, 좋은 수가 없을까?'

그 때 하녀 하나가 부엌에서 나왔습니다. 하녀는 옹기 그릇을 마당 한가운데에 놓았습니다. 허드렛물로 쓸 빗물을 받기 위해서였습니다.

하녀가 놓고 간 옹기 그릇을 멍하니 바라보던 장영실은 갑자기 무릎을 쳤습니다.

'옳지, 바로 그거야!'

장영실은 마당으로 뛰어나와 옹기 그릇을 내려다보았습니다. 그릇 안에는 빗물이 고여 있었습니다.

'내가 왜 이 생각을 못했지? 빗물을 받아, 괸 물의 깊이를 자로 재면 되잖아!'

장영실의 얼굴빛이 환해졌습니다.

다음 날, 장영실은 곧바로 작업에 들어가, 쇠를 녹여 측우기를 만들었습니다. 안지름 7치(약 21㎝), 높이 약 1.5척(약 45㎝)의 원통으로 된 것이었습니다.

1442년 5월에 만들어진 이 측우기는 세계 최초로 발명된 것입니다. 유럽에서는 1639년에 로마에서 이탈리아의 가스텔리가 처음으로 만들어 썼다고 하니, 우리 것은 이보다도 약 2백 년이나 앞선 셈이었습니다.

장영실은 측우기에 이어 수표를 발명했습니다. 수표는 강·저수지 등의 물의 깊이를 재기 위해 설치하는 눈금이 있는 표지인데, 청계천의 수위를 재는 데 처음으로 사용되었습니다.

장영실은 측우기·수표를 만든 공로로 상호군(정3품)이 되었습니다.

다음 해 봄, 장영실에게 새로운 일거리가 주어졌습니다. 그것은 발명과는 거리가 먼 일로, 세종의 가마를 만드는 것이었습니다.

그 당시 세종은 병든 몸을 이끌고 온천을 자주 찾았는데, 아무래도 튼튼한 가마가 필요했던 것입니다.

장영실은 가마 만드는 일을 시작했습니다. 설계부터 제작까지, 색다른 가마를 만들기 위해 온 힘을 기울였습니다.

마침내 가마가 완성되었습니다. 세종은 새 가마를 타고 종묘로 제향(나라에서 올리는 제사)을 올리러 가기로 했습니다.

세종은 새 가마에 올라타 경복궁을 출발했습니다.

세종을 태운 가마는 경복궁 정문을 통과해 육조전(육조가 있는 거리)으로 접어들었습니다. 그런데 얼마쯤 지났을까,

"우지끈!"

하는 소리와 함께 가마가 부서졌습니다. 가마꾼들이 쓰러지고, 세종이 가마와 더불어 나동그라졌습니다.

이 일로 대궐은 발칵 뒤집혔습니다. 세종이 다치진 않았지만, 다칠 뻔한 큰 사고였으니 조정 대신들이 그냥 넘어갈 리가 없었습니다. 가마를 만든 장영실을 죽여야 한다고, 일제히 들고 일어났습니다.

장영실은 곧 의금부에 갇혔습니다.

세종은 그의 공적을 생각해서 그를 용서하고 싶었습니다. 그러나 조정 대신들이 가만 있지 않았습니다. 하루에도 수십 통의 상소문이 날아들었습니다.

결국, 장영실은 곤장 80대를 맞고 대궐에서 쫓겨났습니다.

그 후 그의 행방은 전혀 알려진 것이 없습니다. 어디에서 어떻게 살다가 죽었는지, 역사에 남은 기록이 없습니다.

허준

'동의보감'을 펴낸 의성

1546~1615, 자는 청원(淸源), 호는 구암(龜巖).

조선 중기의 명의(名醫)로, 당시 산청의 명의이던 유의태(柳義泰)에게 의학을 배웠다. 1592년(선조 25년) 임진왜란 때 어의로서 왕을 모신 공로로 1604년에 호성공신이 되었고, 1606년에 양평군에 봉해졌다. 1610년(광해군 2년)에 16년의 연구 끝에 의학 지식을 총망라한 25권의 방대한 저서 《동의보감(東醫寶鑑)》을 완성하였다. 동의보감은 민족의학의 집대성으로, 조선한방의학의 발전은 물론 중국과 일본의 의학에도 영향을 끼쳤다. 또한, 의서의 우리말 번역에 힘써 의서의 대중화에도 업적을 남겼다. 그 밖의 저서로 《벽역신방》, 《언해구급방(諺解救急方)》, 《언해두창집요(諺解痘瘡集要)》 등이 있다.

"**내일** 떠나겠습니다, 어머니. 제가 어머니를 잘 모셔야 하는데……. 그러지 못하고 떠나는 불효 자식을 용서해 주십시오."

"내 걱정은 할 것 없다. 너는 훌륭한 스승님 밑에서 열심히 의술 공부만 하면 된다. 내 말 알아듣겠느냐?"

"예, 어머니!"

"그만 돌아가 자거라. 내일 새벽같이 일어나서 떠나야 할 터이니……."

아들 허준이 물러가자, 어머니 손씨는 착잡한 심정에 젖어들었습니다.

손씨는 정실 부인이 아닌 첩의 신분이었습니다. 그 당시 나라에서는 첩에서 난 아들을 '서얼'이라 하여, 차별 대우를 했습니다. 아무리 똑똑해도 과거(문과·무과)를 보지 못하게 하여, 처음부터 벼슬길을 막았습니다. 이들은 중인과 비슷한 대우를 받았는데, 의학·수학·천문학·역관(통역을 맡아 보는 관리) 등의 기술직이나 사무직에 종사할 수 있었습니다.

어머니 손씨는 허준이 의술을 공부하겠다고 했을 때, 아들을 기특히 여겼습니다. 서얼이라고 좌절하지 않고, 일찌감치 인생 행로를 정한 아들이 대견스럽기까지 했습니다.

허준이 찾아갈 사람은, 경상도 산청에서 명의(병을 썩 잘 고쳐 이름난 의사)로 소문난 '유의태'였습니다. 유의태는 세상을 등지고 산 속에 틀어박혀, 사람들에게 인술(사람을 살리는 어진 기술이란 뜻으로, '의술'을 이르는 말)을 베풀며 살고 있었습니다.

다음 날 새벽, 허준은 어머니에게 작별 인사를 드리고 길을 떠났습니다.

허준은 산청으로 가서 유의태의 집을 찾아갔습니다.

유의태의 허름한 움막집은 환자들로 발 디딜 틈이 없었습니다. 모두가 한의원을 찾을 형편이 못 되는 가난한 사람들이었습니다.

진료는 한밤중까지 계속되었습니다.

허준은 마지막 환자가 돌아간 뒤에야 유의태와 마주 앉을 수 있었습니다.

유의태가 물었습니다.

"의원이 되고 싶어 날 찾아왔다고? 젊은이는 이 풀이 뭔지 아시오?"

유의태의 손에는 풀 이파리 하나가 쥐어져 있었습니다.

허준이 대답했습니다.

"잎자루가 길고 달걀꼴인 걸 보니 장군풀이군요."

"잘 아는구려. 그럼 이걸 어디에 쓰는지 아시오?"

"예. 그 뿌리는 약으로 쓰이지요. 뿌리는 '대황'이라 불리는데, 통째로 썰어서 말립니다. 그것을 조금 먹으면 건위제(위의 운동을 도와 소화·흡수 작용을 왕성하게 하는 약재)가 되고, 많이 먹으면 완하제(똥을 무르게 하거나 설사시키는 약)로서 상습 변비에 좋습니다. 민간 약으로는 화상에 쓰이기도 한다고 들었습니다."

허준이 설명을 마치자, 유의태는 깜짝 놀라는 표정을 지었습니다.

"아니, 대황에 대해 어찌 그리 자세히 아시오? 장군풀도 첫눈에 알아보고······."

"약초에 관심이 많아서, 틈만 나면 산과 들을 헤맵니다. 장군풀도 전에 한 번 캔 적이 있습니다."

"정말 대단하군. 젊은이 같은 사람은 난생 처음이오. 젊은이 이름이 무엇이오?"

"허준이라고 합니다."

"오늘부터 나랑 같이 지내게. 함께 의술을 공부해 보자구."

허준은 유의태의 제자가 되었습니다.

허준은 유의태 밑에서 열심히 의술을 배웠습니다. 그리고 유의태가 권하는 의학책들을 밤잠을 줄여 가며 읽었습니다. 의학 백과사전인 '의방유취', 우리 나라에서 나는 약재와 치료 방법을 기록한 '향약집성방' 등은 허준을 깊은 의술의 세계로 이끌었습니다.

허준이 29세가 되었을 때, 유의태가 말했습니다.

"이제 그만 떠나거라. 내가 아는 모든 것을 너에게 전했으니, 더 이상 내 곁에 머물 필요가 없느니라."

"선생님!"

"당장 한성으로 올라가거라. 곧 과거 시험이 있을 것이다. 3년마다 한 번씩 열리는 식년시에 응시해라. 네 실력이라면 충분히 합격할 것이다. 나는 네가 훌륭한 의관이 되리라 믿는다."

허준은 스승의 말을 듣고 눈물이 왈칵 쏟아졌습니다. 아버지처럼 믿고 따랐던 스승과 헤어져야 한다고 생각하니, 가슴이 미어지는 것 같았습니다.

며칠 뒤, 허준은 유의태에게 큰절을 올리고, 스승의 집을 나섰습니다.

허준은 곧장 한성으로 올라가 과거 시험을 치렀습니다. 그가 치른 시험은 문·무과가 아니라 의과였습니다. 그 당시 나라에서는 문·무과와 함께 역과·의과·음양과·율과 등의 잡과를 두어 기술관을 등용했습니다.

허준은 의과 시험에 당당히 합격했는데, 이 때가 1574년(선조 7년) 봄이었습니다.

허준은 이듬해부터 내의원(조선 시대에 궁중의 의약을 맡던 곳)에서 의관으로 일하게 되었습니다.

허준은 의관이 된 지 얼마 안 되어 어의(임금의 병을 치료하는 의원)가 되었습니다. 그는 뛰어난 의술로 선조의 신임을 받았으며, 실력 있는 의원으로 세상에 이름이 알려지기 시작했습니다.

허준은 내의원 일뿐 아니라 의학 연구에도 열심이었습니다. 특히, 의학 이론을 정리하는 데 힘을 써, 많은 의학책을 번역하거나 엮었습니다.

그런데 1590년 12월의 어느 날 왕자가 몹쓸 병으로 앓아 누웠습니다. 처음에는 가벼운 종기(피부에 생기는 큰 부스럼)인가 싶더니, 날이 갈수록 병이 깊어져 몸이 퉁퉁 붓고 불덩이처럼 뜨거워졌습니다. 그러더니 나중에는 의식을 잃고 자꾸 헛소리까지 하는 것이었습니다.

궁궐은 발칵 뒤집혔습니다. 명의라는 명의는 전부 불러들였지만, 무슨 병인지 조차 몰라 치료도 못하고 있었습니다.

선조는 허준을 불러 말했습니다.

"이제 믿을 의관은 그대밖에 없소. 그대가 나서서 죽어가는 왕자를 구해 주시오."

선조의 간절한 부탁을 받은 허준은 왕자의 방으로 갔습니다.

허준은 왕자의 병세를 살폈습니다.

'음, 창독(부스럼의 독기)이 틀림없어. 그렇다면……'

허준은 그 날 밤, 왕자의 몸에 침을 놓았습니다. 그리고 약을 지어 밤새도록 달였습니다.

아침이 되자, 왕자는 부기가 빠지고 열이 내렸습니다.

허준은 간밤에 달인 약을 왕자에게 먹였습니다.

왕자는 약 세 첩을 먹고, 다음 날 새벽쯤에는 의식을 되찾아 사람을 알아보고 말을 했습니다. 그리고 그 다음 날에는 얼굴에 화색이 돌고 혼자서 화장실 출입을 할 수 있게 되었습니다. 허준은 사흘 만에 왕자의 병을 고친 것입니다.

선조는 뛸 듯이 기뻐하며, 허준에게 당상관(정3품 이상)의 품계를 내렸습니다.

그런데 이 때 사간원과 사헌부에서 들고 일어났습니다. 허준에게 지나친 은전(나라에서 주는 특전)을 베풀었다며, 그것을 거두어 달라는 것이었습니다.

그러나 선조는 이 요구를 물리쳤습니다.

"허준은 왕자의 목숨을 구한 충신이다. 그에게는 당상관의 품계가 결코 과하지 않다."

선조는 이렇게 말하며 허준을 당상관에 임명했습니다.

1592년(선조 25년) 4월, 왜군의 전선 700여 척이 쓰시마 섬을 출항하여 부산포에 이르렀습니다. 임진왜란이 일어난 것입니다.

왜군들은 부산과 동래를 함락시킨 뒤, 한성을 향해 북상했습니다. 이들은 충주 탄금대에서 신립 장군이 거느린 대군을 물리치고 파죽지세로 올라왔습니다.

신립 장군의 패전 소식이 날아들자, 선조는 평양을 향해 피난길에 올랐습니다. 조정 대신들과 함께 허준은 어의의 자격으로 피난길에 동행했습니다.
 선조 일행은 평양을 거쳐 의주로 갔습니다. 허준은 한시도 자리를 뜨지 않고 선조의 건강을 살폈습니다.
 허준은 이 때의 공로로, 전쟁이 끝난 뒤에는 호성 공신 3등에 오르게 됩니다.

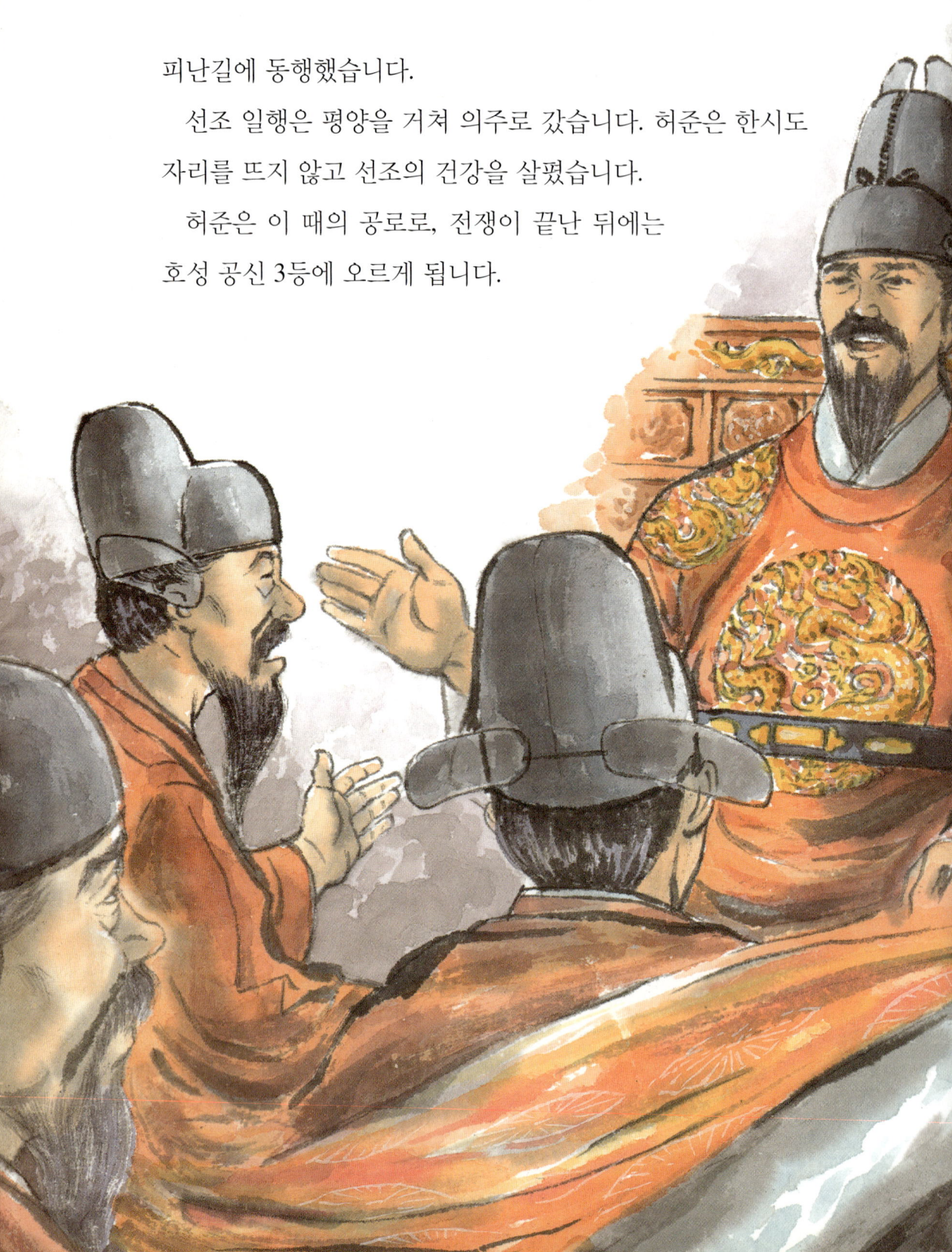

임진왜란의 후유증은 너무나 컸습니다. 전 국토가 황폐화되었고, 식량이 없어 굶어 죽는 사람들이 많았습니다. 뿐만 아니라 온갖 전염병이 널리 퍼져 목숨을 잃는 사람들도 늘어났습니다. 조정에서는 이를 언제까지나 내버려 둘 수는 없었습니다.

어느 날, 선조는 내의원 의관들을 불러 말했습니다.

"질병이 널리 퍼져 첩첩산중의 사람들이 약 한첩 못 쓰고 죽는 경우가 허다하니 심히 안타까운 일이오. 이들이 우리 땅에서 나는 약초가 무엇인지 알아 제대로 약을 썼다면, 비명횡사(제 목숨대로 다 살지 못하고 뜻밖의 재난으로 죽음)는 면했을 것 아니오."

"지당하신 말씀입니다."

"백성들이 약에 대한 지식을 알게 하려면, 새로운 의학책을 펴내야 할 것이오. 지금까지 나와 있는 의학책이나 중국에서 건너온 의학책들은 거의 다 번잡하기만 할 뿐 쓸모가 없는 것들이오. 따라서 그대들은 옛부터 전해져 내려오는 처방 가운데서 실용적인 것만 골라 의학의 경전을 정리하시오."

"분부대로 하겠습니다."

1596년(선조 29년), 선조 임금의 지시에 따라 내의원에는 편찬국을 두고 '동의보감' 발간 작업에 착수했습니다. 이 작업에는 허준을 비롯하여 양예수·이명운·정작·김응탁·정예남 등이

참여했습니다.

그런데 일을 시작한 지 얼마 안 되어 정유재란이 일어났습니다. 임진왜란 휴전 교섭이 깨진 뒤, 왜장 가토 기요마사가 14만의 대군을 이끌고 다시 쳐들어온 것입니다.

이 난리로 '동의보감' 발간 작업은 중단되었고, 의관들은 뿔뿔이 흩어졌습니다.

정유재란은 이듬해에 끝났습니다.

허준은 그 때까지 혼자서 의학책 쓰는 일을 계속하고 있었습니다. 그는 이 일을 필생의 사업으로 알고 밤낮없이 매달려 온 것입니다.

선조는 이제 '동의보감' 발간 작업을 전적으로 그에게 맡겼습니다. 그리고 궁중 안에 있던 의학책 5백 권을 전부 내주어 작업을 도왔습니다.

세월은 빠르게 흘러 10여 년이란 시간이 지나갔습니다. 그 사이 '동의보감'은 거의 완성 단계에 와 있었습니다.

그런데 이 때 허준은 뜻밖의 일에 휘말리게 되었습니다. 1607년(선조 40년) 겨울부터 시름시름 앓던 선조가 이듬해 2월 세상을 떠났는데, 허준이 그에 대한 책임을 지게 된 것입니다.

허준은 치료를 소홀히 했다는 죄로 관직에서 물러나, 멀리 귀양을 떠나게 되었습니다.

그러나 허준은 귀양살이를 하면서도 '동의보감' 작업에 혼신의 힘을 기울였습니다.

그렇게 1년이 지나자, 귀양이 풀렸습니다. 새 임금 광해군의 각별한 배려였습니다. 광해군은 왕자 때 자신의 병을 낫게 해 준 허준의 공을 잊지 않고 있었던 것입니다.

허준은 유배지에서 돌아와 '동의보감' 마무리 작업에 박차를 가했습니다. 그리하여 1년 뒤인 1610년(광해군 2년) 8월 6일, 마침내 '동의보감' 25권을 완성했습니다.

'동의보감'은 우리 나라뿐 아니라 중국과 일본에서도 한의학의 대표적 고전으로 꼽는 책입니다.

이 책은 내과에 관한 내경편 4권, 외과에 관한 외형편 4권, 전염병·급성병·부인과·소아과 등을 합한 잡병편 11권, 약제학·약물학에 관한 탕액편 3권, 침과 뜸에 관한 침구편 1권, 목록 2권으로 구성되어 있습니다. 각 병마다 진단과 처방을 내렸으며, 동서고금을 통하여 이만한 명저는 다시 볼 수 없을 만큼 의술의 전부가 수록되어 있다고 평가되는 책입니다.

허준은 14년에 걸쳐 '동의보감'을 완성한 뒤에도 의학책 쓰기를 그치지 않았습니다.

전국에 전염병이 널리 퍼지자, 그 예방과 치료를 위해 '신찬 벽온방', '벽역 신방' 등의 책을 펴냈습니다.

허준은 1615년(광해군 7년) 8월 13일, 70세를 일기로 조용히 눈을 감았습니다. 그는 죽는 순간까지도 곁에 '동의보감'을 두고 있었다고 합니다.

김정호

우리 나라 지도를 만든 지리학자

?~1864, 자는 백원(伯元)·백온(伯溫), 호는 고산자(古山子). 조선 후기의 실학자이자 지리학자로, 조선의 지도와 지지를 집대성하였으며, 행정구역을 기준으로 만든 지도에서 좌표에 의거해 구분한 대축척지도첩을 발달시켰다. 정밀한 지도의 작성에 뜻을 품고 전국 각지를 두루 돌아다니며 1834년(순조 34년)에 《청구도》 2첩을 완성하였다. 그 후 《대동여지도》 2첩을 완성하였다. 대동여지도는 그가 손수 그려서 판각하였다고 하며, 한 벌을 흥선대원군에게 바치자 그 정밀함에 놀란 조정 대신들이 국가의 기밀을 누설하였다는 죄명으로 그를 옥에 가둔 뒤, 목각판을 압수하여 태워버렸다. 오늘날 전하는 대동여지도는 사본뿐이다.

'**나의 벗** 정호는 소년 때부터 지리학에 깊은 뜻을 두고 오랫동안 지리책을 읽기도 하고, 몸소 전국을 누비며 모든 지도 작성 방법의 좋고 나쁜 점을 살펴 매양 한가할 때에 사색을 하여 간편한 집람식(지도를 부분적으로 작성해서 펼쳐 보기 좋게 만든 것)을 발견했다.'

위 글은 고산자 김정호의 '청구도'에 실학자인 최한기가 덧붙여 쓴 글입니다. 최한기는 김정호의 친구로 전해지는 인물입니다.

김정호는 불과 100여 년 전 사람인데, 그에 대해서는 별로 알려진 것이 없습니다. 앞서 밝힌 글과 유재건의 '이향견문록', 이규경의 '만국경위 지구도변증설' 등에 김정호에 대한 기록이 겨우 몇 줄 있을 뿐입니다. 그래서 언제 태어나 언제 어디서 죽었는지조차 정확히 알 수가 없습니다.

전해져 내려오는 이야기에 따르면, 김정호는 황해도에서 태어나 어려서 한성으로 올라왔다고 합니다. 남대문 밖 만리 고개에서 살았다고도 하고, 서대문 밖 공덕리에서 살았다고도 합니다.

김정호는 어려서부터 지리학에 뜻을 두고, 우리 나라에서 나온 여러 지도를 입수하여 살펴보았습니다. 그런데 지도들은 하나같이 정확하지 않고 실생활과 동떨어진 것이었습니다.

이에 김정호는 정확하고 실생활에 도움이 되는 지도를 만들어야겠다고 결심합니다. 그래서 전국 각지를 돌아다니면서 30여

년 만에 조선 지도인 '청구도' 2첩을 완성하게 됩니다.

'청구도'는 '청구선표도'라고도 하는데, 경선과 위선을 사용하였고, 역사적 경계도 곁들여 역사 지도를 겸할 수 있게 했습니다. 전국을 가로 29층, 세로 22판으로 나누고, 동서는 제3단 1판인 함경도 경흥에서 시작하여 제9층 2판인 평안도 의주에서 끝냈습니다. 그리고 남북은 제1층 3판인 함경도 온성에서 시작하여 제29층 16판인 제주도에서 끝냈습니다. 또 지도를 세분하여 세로 40km, 가로 28km를 각각 30cm, 22cm로 축소하여 각 1매씩의 세밀한 지도를 작성하였는데, 이 지도는 모두 310여 면으로 각 군·면·도로·고적·산천·역 등이 기록되어 있습니다.

김정호는 1834년(순조 34년) '청구도'를 완성한 뒤, 새로운 지리책을 만들기 시작했습니다. 그는 '삼국사기'·'고려사'·'동국여지승람'·'동국 문헌' 등 많은 자료를 참고하고, 또 실지 답사를 통해 얻은 지식을 바탕으로 저술에 매달렸습니다. 그리하여 1862년(철종 13년)에 드디어 책이 완성하였는데, 이 책이 바로 '대동지지'입니다.

'대동지지'는 전국 각 지방의 연혁·산수·인물·지리를 기록한 것으로서, 우리 나라의 지형과 당시의 각 지방 사정이 소상히 기록되어 있었습니다.

한편, 김정호는 '청구도'에 만족하지 않고, 다시 27년 동안 전국

방방곡곡을 두루 돌아다닌 끝에 1861년에는 '대동여지도' 2첩을 완성했습니다.
　이 지도는 '청구도'의 자매편으로서 내용을 보충하고, 일반인이 편리하게 사용하도록 지도첩의 양식을 본떠 만들었습니다. 즉, 전체를 22첩으로 꾸며, 접으면 책자가 되게 하였고, 이것을 2개 혹은 3개씩 합쳐서 볼 수도 있고, 또 전부를 합치면 전체를 볼 수 있는 지도로 만든 것입니다.
　전해져 오는 이야기에 따르면, 김정호는 '대동여지도'의 판각본(목판으로 인쇄한 것)을 나라에 바쳤다고 합니다.

　이 판각본을 본 대원군과 조정 대신들은 그 정밀함과 자세함에 깜짝 놀랐다고 합니다. 그러나 나라의 기밀이 누설될 것을 염려한 이들은 목각을 불살라 버리고, 김정호를 옥에 가두어 죽게 하였다는 것입니다.
　그렇지만 이것은 잘못 알려진 이야기인 것 같습니다. 왜냐하면 '청구도'나 '대동여지도'가 오늘날까지 고스란히 전해졌고, '대동여지도' 목판도 그 일부가 국립 중앙 박물관에 남아 있다는 것이 확인되었기 때문입니다.
　그의 후손으로는 김정호의 옆에서 지도 판각을 도왔던 딸이 하나 있었다고 전해집니다.

이제마

'사상 의학'을 창안한 한의학자

1838~1900. 자는 무평(務平), 호는 동무(東武). 조선 말기의 한의학자로, 1888년(고종 25년) 군관직에 등용되었으나 곧 사퇴했으며, 1892년에는 진해 현감으로 나가 관리가 지켜야 할 기율을 바로잡는 데 힘썼다. 1893년 사직하고 사상의서의 저술을 시작하여 이듬해 《동의수세보원(東醫壽世保元, 2권)》을 끝냈다. 그는 《주역(周易)》의 태극설에 의한 태양(太陽)·소양(少陽)·태음(太陰)·소음(少陰)의 사상(四象)을 인체에 적용하여 기질과 성격의 차이에 따라 사람의 체질을 4가지로 나누고, 그에 적합한 치료 방법을 제시한 사상 의학(四象醫學)을 정립했다. 이것은 종래의 한방의학과는 달리 임상학적 치료 방법을 제시한 점에 의의가 있다. 저서에는 《격치고(格致藁)》 등이 있다.

1838년(헌종 4년) 3월 19일, 함경도 함흥군 천서면 반룡산 밑 남촌의 사촌 마을에 사는 이충원 노인은 낮잠을 자다가 꿈을 꾸었습니다. 꿈에 웬 노인이 말 한 필을 끌고 집에 와서는

"제주도에서 데려온 용마(썩 잘 달리는 훌륭한 말을 이름)요. 잘 기르시오."

하며, 마구간에 말을 넣어 두고 가는 것이었습니다. 얼핏 보기에도 아주 훌륭한 말이었습니다.

"허허, 오늘 횡재했네. 우리 집에 이런 용마가 굴러들어오다니……."

이 노인은 너무 좋아 입이 함박만해졌습니다.

이 때 꿈에서 깨어났는데, 꿈에서의 일이 꼭 생시 같았습니다.

이 노인은 고개를 갸우뚱거렸습니다.

"참 별일이네. 이상한 꿈을 다 꾸고……."

이 노인이 이렇게 중얼거렸을 때였습니다.

갑자기 바깥이 소란스러워 방문을 열어 보니, 웬 젊은 여인이 갓난아기를 포대기에 싸서 안고 마당에 서 있었습니다.

그 여인 옆에는 이 노인의 아들인 반오가 안절부절못하고 있었습니다.

이 노인이 아들에게 물었습니다.

"웬 소란이냐? 이 여자와 갓난아기는 또 누구고……?"

그러자 아들은 얼른 대답을 하지 못하고 우물쭈물하다가, 아버지 앞에 꿇어앉았습니다.

"왜 말이 없느냐?"

아버지가 다그치자 아들은 마침내 입을 열었습니다.

"아버지, 제가 죽을 죄를 지었습니다. 저 여자는 주막집 딸인데……. 제 자식을 낳았다고 합니다."

"뭐라고? 그게 정말이냐?"

"예, 아버지! 제가 그만 한때 눈이 멀어……."

"아들이냐, 딸이냐?"

"아들입니다."

"오늘 낳았단 말이지?"

"예……."

'허! 이럴 수가, 저 아이는 보통 아이가 아니구나.'

속으로 이렇게 생각한 이 노인은 아들에게 말했습니다.

"아기와 아기 엄마를 안으로 들여라."

"예?"

"뭘 멍청하게 서 있느냐! 산모에게 미역국을 끓여 주고 아기를 잘 돌보도록 해라."

아들 반오는 영문을 몰라 어안이 벙벙했습니다. 그는 아버지에게 호되게 야단을 맞을 줄 알았던 것입니다.

이 노인은 아기와 산모를 집에서 살게 하고는, 아기 이름을 손수 지었습니다. 꿈에 제주도 말을 보았다고 해서 '제마'라고 부르게 된 것입니다.

또한, 이 노인은 온 가족을 모아 놓고 말했습니다.

"제마가 서자(첩에게서 난 아들)로 태어났다고 소홀히 대해서는 안 된다. 제마는 엄연한 내 손자이니라. 어느 누구라도 차별 대우를 하면 내가 용서치 않겠다."

이 노인은 이제마에게 거는 기대가 사뭇 컸습니다. 그래서 남달리 이제마를 아끼고 사랑하며 잘 보살펴 주었습니다.

이제마는 할아버지의 배려로 7세 때부터 글공부를 할 수 있었습니다.

이제마의 스승은 큰아버지인 이직장이었습니다. 이직장은 관북(함경 북도) 지방에서 학자로 이름이 높았습니다.

하루는 이직장이 자신을 따르는 선비들과 제자들에게 시를 짓게 했는데, 시제가 '가빈호독서'였습니다. 즉, '가난한 선비가 독서에 힘쓴다'였습니다.

밖에서 뛰어 놀다가 집 안으로 들어온 제마는, 사람들이 열심히 글을 짓는 것을 보고 자기도 몇 자 끄적거렸습니다. 그리고는 또 밖으로 나가 버렸습니다.

이직장은 제마가 지은 시를 보고 눈이 휘둥그레졌습니다. 도저히 열세 살 소년이 쓴 시라고 믿어지지 않았기 때문입니다. 이직장은 다시 한 번 시를 들여다보았습니다.

> 한때 천하를 주름잡던 진시황도
> 마침내는 그 권력에 황혼이 찾아들었고,
> 다시 양나라 무제가 세력을 얻어 제왕으로 군림했으나
> 깊은 밤 그의 방에는 등불 밑에 수심만이 커 가더라.

다른 사람들의 시와 비교해 봐도, 제마의 시가 단연 뛰어났습니다.

이직장은 그의 재주에 탄복하지 않을 수 없었습니다.

제마의 집에는 집안 대대로 내려오는 서고(책을 넣어 두는 곳집)가 있었습니다. 서고에는 많은 책들이 쌓여 있었습니다.

제마는 10세 때부터 서고를 이용했습니다. 경서를 비롯한 온갖 책을 널리 읽었는데, 특히 '주역'을 좋아하여 통달할 정도였습니다.

제마는 독서에 한번 빠지면 서고에서 나오지 않아, 가족들이 서고에 음식을 날라다 주기까지 했습니다.

그러나 제마는 책만 좋아하는 '글방 샌님'이 아니었습니다. 무예도 즐길 줄 알아, 틈만 나면 말타기·활쏘기·칼쓰기를 했습니다.

이제마가 홀연히 집을 떠난 것은 15세 때였습니다. 그는 여기

저기를 정처 없이 떠돌아다녔습니다.

그리고 5년 뒤에 잠깐 집에 들러, 자기 몫의 재산을 전부 가난한 사람들에게 나누어 주고는 다시 방랑의 길에 올랐습니다.

이제마는 만주에 갔다가 돌아오는 길에 평안도 의주 땅을 찾았습니다. 의주에는 홍 부자라는 사람이 자신이 평생 모은 책을 선비들에게 빌려 주고 있었습니다.

이제마는 홍 부자 집에서 한동안 독서로 시간을 보냈습니다.

그런 다음 함경도 정평으로 떠났는데, 어느 날 민가에서 하룻밤 신세를 지게 되었습니다.

이제마는 몸이 고단했지만 이상하게도 잠이 오지 않았습니다. 그래서 잠시 책이나 보려고 등잔불을 켰습니다.

희미한 불빛 아래서 책장을 뒤적이던 이제마는 벽지를 보고 깜짝 놀랐습니다. 벽지에 글이 씌어져 있었는데, 보통 글이 아니었던 것입니다.

이제마는 옆방에서 잠든 주인을 깨워 물었습니다.

"여보시오, 벽에 바른 종이는 어디서 났소?"

주인이 대답했습니다.

"선친(남에게 '돌아가신 자기의 아버지'를 이르는 말)께서 쓰신 책을 뜯어 벽지로 바른 거요. 선친께서는 돌아가시기 전에 이 책을 50년 뒤에 펴내라고 하셨지만, 아무 쓸모가 없는 내용이라서……."

"아무 쓸모가 없는 내용이라니, 이 훌륭한 책을……. 그래, 선친의 존함(이름)이 어떻게 되십니까?"

"예, 세상에서는 예암 선생이라고 부르는데……."

"예암 선생이라면 한석지 선생?"

"그렇습니다."

이제마는 예암 한석지를 한 번도 만난 적이 없었지만, 그에 대한 소문은 익히 듣고 있었습니다. 한석지는 그보다 한 세대쯤 앞서 살다 간 유학자였습니다.

이제마는 벽지를 모두 뜯어내 책으로 묶었습니다. 그 책의 이름은 '명선록'이었습니다.

이제마는 '명선록'을 밤새워 읽었습니다.

그 내용은 성리학을 신랄하게 비판한 것이었는데, 그에게 깊은 감동을 주었습니다.

이제마는 한석지의 학문을 사숙(직접 가르침은 받지 않으나 그 사람을 마음 속으로 본받아 학문을 닦는 것)하며, 한석지를 마음의 스승으로 받들어 모셨습니다.

이제마에게는 한석지와 함께 또 하나의 스승이 있었습니다. 그는 전라도 장성에 사는 성리학자, 노사 기정진이었습니다.

기정진은 독창적인 성리학 이론을 세운 것으로 유명한데, 이제마는 그의 밑에서 3년 동안 공부했습니다.

기정진은 이제마에게 이런 충고를 하였다고 합니다.

"그대는 재주가 비상한 천재야. 하지만 겸손하게나. 조급한 성질도 죽이고……."

이제마는 40대에 들어서자 그 동안의 배움을 바탕으로 유교 철학에 관한 책을 쓰기 시작했습니다. 이 작업은 44세부터 57세까지 13년 동안 계속되었습니다. 1893년(고종 30년)에 완성된 이 책이 '격치고'입니다.

이제마는 '격치고'를 쓰는 가운데 틈틈이 한성 나들이를 했습니다. 한성에 가면 이제마는 반드시 '김기석'이란 사람의 집에서 지냈는데, 김기석은 무위영(조선 말기 궁궐의 수비를 맡아 보던 관청) 도통사였습니다.

이제마가 50세가 되었을 때, 나라에서는 널리 인재를 구했습니다. 김기석은 이제마를 조정에 천거했습니다.

이제마는 곧 무위장에 임명되었고, 1892년에는 진해 현감 겸 병마 절제사가 되어 관기(관리가 복무상 지켜야 할 기율)를 바로 잡는 데 힘썼습니다.

이 때 이제마는 의학에 관심이 많아, 의술 공부를 하고 있었습니다.

이제마는 젊어서부터 불치의 병을 앓고 있는 처지였습니다. 해역증과 열격 반위증이 그를 괴롭혔습니다.

해역증은 상체는 건강한데 반해 하체가 약해, 마음대로 걷지 못하는 병입니다.

그리고 열격 반위증은 위장병의 일종으로, 가슴이 막히고 먹은 음식을 토하는 병입니다.

이제마는 병을 고치려고 백방으로 애를 썼으나, 헛일이었습니다. 좋다는 약도 다 써 보았지만, 이상하게도 병이 낫지 않았습니다.

이렇게 되자, 이제마는 기존 의학에 대해 회의를 품지 않을 수 없었습니다. 그리고는 연구를 통해 병이 낫지 않는 원인을 알아 냈습니다.

그것은 약이 자신의 체질에 맞지 않기 때문이었습니다.

이제마는 연구에 연구를 거듭했습니다. 그리하여 나중에는 '사상 의학'을 완성했습니다.

사상 의학이란, 사람의 체질을 태양인·태음인·소양인·소음 인으로 나누어, 같은 종류의 질병이라도 체질에 따라 다른 약을 써야 한다는 학설입니다.

1893년 7월에 진해 현감을 그만두고 한성으로 올라온 이제마는, 사학자 이능화의 아버지 집으로 갔습니다. 이능화의 아버지와 이제마는 친구 사이였습니다.

　남산 밑에 있는 친구의 집에 머물며, 이제마는 사상 의학에 관한 책을 쓰기 시작했습니다. 이제마는 이 작업을 1894년 4월 13일에 마쳤는데, 이 책이 그 유명한 '동의 수세 보원'입니다.

　이제마는 다음 해, 고향으로 내려갔습니다. 고향 함흥에서 노환으로 고생하는 어머니를 돌보며, 의학 연구에 몰두했습니다.

　그러던 중 그에게 예기치 못했던 일이 생겼습니다. 함흥 일대의 의병 운동을 진압시키는 일을 맡게 된 것입니다.

　이제마는 의병장 최문환을 잡아들여 의병들을 해산시켰습니다. 그리하여 이 때 세운 공으로 관찰사 대리에 임명되었고, 다음 해에는 함경도 고원 군수로 자리를 옮겼습니다.

　1898년, 군수 자리에서 물러난 이제마는 고향 함흥에 '보원국'이란 약국을 차렸습니다. 이 약국은 성천강에 가로놓인 만세교 옆에 있었습니다.

　이제마는 체질에 따라 약을 지어 주어 환자들의 병을 고쳤습니다.

　명의로 소문이 나자, 환자들이 몰려들어 그의 약국은 환자들로 발 디딜 틈이 없었습니다.

　이제마는 병을 잘 고쳤을 뿐 아니라, 치료비는 거의 받지 않았습니다. 왜냐하면 그의 환자는 대부분 가난한 사람들이기 때문이었습니다.

이제마는 죽기 전에 이런 말을 남겼습니다.

"두고 보면 알게 될 것이다. 앞으로 100년 뒤의 세상에는 사상 의학이 널리 퍼지게 될 것이다."

1900년(광무 4년) 8월 21일, 이제마는 64세의 나이로 세상을 떠났습니다.

문학가 편

김시습 '금오신화'를 쓴 떠돌이 천재 시인

윤선도 시조 문학의 대가

김만중 한글 소설의 선구자

방정환 어린이 운동의 선구자

윤동주 '하늘과 바람과 별과 시'의 청년 시인

김시습

'금오신화'를 쓴 떠돌이 천재 시인

1435~1493, 자는 열경(悅卿), 호는 매월당(梅月堂)·동봉(東峰)·청한자(淸寒子)·벽산(碧山), 법호는 설잠(雪岑), 시호는 청간(淸簡).

조선 초기의 학자로, 생육신(生六臣)의 한 사람이다. 3세 때는 이미 시를 지을 줄 알았을 뿐 아니라 세종대왕 앞에서 글을 지어 올리니, 왕이 감탄하여 칭찬하고 비단을 선물로 내렸다. 1455년(세조 1년)에 삼각산 중흥사에서 공부하다가 수양대군이 어린 단종을 몰아내고 왕위에 올랐다는 소식을 듣고 통분하여 읽던 책을 모두 불태워버리고 스님이 되어 법명을 설잠(雪岑)이라 하고 방랑길에 올랐다. 《금오신화(金鰲新話)》, 《매월당집(梅月堂集)》, 《십현담요해(十玄談要解)》 등의 저서가 있다.

"**뭐라고?** 세 살 때 이미 시를 지었다고? 그런 신동이 성균관 근처에 살고 있단 말이지?"

"예, 반궁리에 살고 있다고 합니다. 들리는 소문에 의하면 그 아이가 세 살 때 이런 시를 지었답니다. 보리를 맷돌에 가는 것을 보고 '비는 아니 오는데 천둥 소리 어디서 나는가, 누런 구름 조각조각 사방으로 흩어지네.' 하고요."

"정말 기막힌 시로군. 맷돌 소리를 천둥 소리에 비유하고, 맷돌에서 갈려 나오는 가루를 구름에 비유하다니……."

"그뿐이 아닙니다. 외할아버지가 시 한 수를 가르쳐 줬더니 즉흥시를 지어 읊조리더랍니다."

"오, 어떤 시였는데?"

"외할아버지가 '꽃이 난간 앞에서 웃지만 웃음소리를 들을 수 없구나.' 한 거예요. 그랬더니 대뜸 '새가 숲에서 울지만 눈물을 볼 수 없구나.' 하고 재치 있게 받아넘기더라는 겁니다."

"그 아이가 지금 몇 살이라고?"

"다섯 살이랍니다."

"다섯 살이라…… 그래, 요샌 뭘 배우고 있는지 아나?"

"예, '중용'과 '대학'을 배우고 있답니다."

"아니, 그 어려운 '중용'과 '대학'을 그 어린 나이에 배운다고?"

정승 허조는 고개를 갸우뚱했습니다.

아랫사람에게서 소문난 신동에 대한 이야기를 듣고, 반신반의하는 것이었습니다.

'과연 소문대로 그럴까? 보지 않고는 믿을 수 없어.'

허조는 '김시습'이란 아이가 정말 신동인지 한번 시험해 보고 싶었습니다. 그래서 반궁리에 있는 그 아이의 집을 직접 찾아갔습니다.

아이는 마침 글을 읽고 있었습니다. 가만히 들어 보니 '중용'이었습니다.

'소문이 사실이었구나!'

허조는 놀라지 않을 수 없었습니다.

허조는 김시습과 마주앉자 이렇게 말했습니다.

"네가 시를 잘 짓는다는 소문을 듣고 찾아왔다. 내가 시키는 대로 시를 지어 보겠니?"

"예, 말씀해 보십시오."

"보다시피 나는 할아버지란다. 늙을 로(老)자를 넣어 가지고 시를 지어 보겠니?"

허조의 말이 떨어지기 무섭게 김시습이 시를 읊었습니다.

"늙은 나무도 꽃을 피우니, 마음만큼은 늙지 않았구나."

듣고 보니 그럴 듯한 시였습니다.

허조는 감탄사를 터뜨렸습니다.

"오, 대단하구나! 너야말로 신동이로다!"

허조는 김시습이 백 년에 한번 나올까 말까 한 신동이라며, 대궐에 가서까지도 입이 마르도록 칭찬했습니다.

이 이야기는 세종의 귀에까지 들어갔습니다.

세종은 김시습이란 아이가 어느 정도이길래 그처럼 야단들인가 궁금했습니다. 세종 역시 그 아이를 시험해 보고 싶은 생각이 들었습니다.

그래서 지신사(조선 초기 승정원의 정3품 으뜸 벼슬, 뒤에 도승지로 개칭함) 박이창을 불러 말했습니다.

"지신사는 김시습을 대궐로 데려와서, 그 아이가 과연 신동인지 아닌지를 알아보거라."

"분부대로 하겠습니다."

박이창은 김시습을 승정원으로 데려가 무릎에 앉혔습니다. 그리고 말했습니다.

"네 이름 석 자를 넣어 시를 지어 보거라."

김시습이 얼른 입을 열었습니다.

"작은 이불에 싸여 온 김시습."

박이창은 벽 쪽을 돌아보았습니다. 거기엔 그림 한 점이 걸려 있었습니다. 작은 정자와 감물 위에 뜬 배가 그려진 그림이었습니다.

"저 그림을 보고 시를 지어 보거라."

"작은 정자와 배에는 누가 홀로 계시나."

박이창은 어전으로 가서 김시습이 지은 시를 세종에게 그대로 전했습니다.

세종은 무릎을 쳤습니다.

"과연 소문대로구나! 다섯 살짜리가 그런 멋진 시를 짓다니!"

세종은 감탄해 마지않았습니다.

"이담에 크게 될 재목이로다. 잘 가르치라고 일러라. 나중에 내가 귀히 쓸 것이다."

세종은 이렇게 말한 뒤, 또 명했습니다.

"김시습에게 비단 50필을 주거라. 내가 내리는 상이다."

"알겠습니다."

"비단을 가져갈 때 어른들의 힘을 빌려서는 안 된다. 그 아이보고 직접 가져가게 하라."

"예? 그 많은 비단을 어린아이 혼자서 나르라고요?"

박이창은 세종을 의아스레 쳐다보았습니다.

세종이 말했습니다.

"내게 생각이 있다. 그 아이의 지혜를 시험해 보자는 거다. 그러니 시키는 대로 하라."

박이창은 세종의 명대로 비단 50필을 김시습에게 주면서 네 힘으로 가져가라고 일렀습니다.

그러자 김시습은 비단 뭉치를 내려다보더니, 별안간 비단 뭉치를 펼쳐 비단의 끝을 서로 연결시켰습니다. 그리고는 비단의 한 끝을 자기 허리에 잡아맸습니다. 그런 다음 천천히 걸음을 옮기자, 비단 뭉치가 질질 끌려가는 것이었습니다.

박이창은 이 광경을 보고 탄성을 내질렀습니다.

이를 전해 들은 세종은 어린 김시습의 지혜에 혀를 내두르기까지 했습니다.

이처럼 어렸을 때부터 신동으로 이름난 김시습은, 15세까지 성균관 대사성(정3품)인 김반에게서 '맹자'·'시전'·'서전' 등을 배웠습니다. 그리고 사성(종3품) 윤상에게서는 '주역'·'예기'를 비롯하여 제자 백가(중국 춘추 시대 말기부터 전국 시대에 걸친 여러 학자, 여러 학파의 총칭)의 책들을 빠짐없이 배웠습니다.

이렇게 공부에 열중하는 동안 세월은 빠르게 흘러, 김시습은 21세의 청년이 되었습니다. 이 때 김시습은 삼각산에 있는 중흥사에서 학문을 연구하고 있었습니다.

어느 날, 서울 장안으로 시주를 나갔던 스님 한 분이 돌아와, 충격적인 소식을 전해 주었습니다. 수양대군이 조카인 단종을 쫓

아내고 임금의 자리에 올랐다는 것이었습니다.
　김시습은 망치로 머리를 얻어맞은 기분이었습니다.
　충격에서 헤어나지 못하고 사흘 동안 방 안에 틀어박혀 지냈습니다.

　그러다가 사흘째 되는 날 밤, 방문을 박차고 나와 통곡을 하고는 방 안에 있는 책을 모조리 불살랐습니다.
　김시습은 그 날로 머리를 깎고 스님이 되어 버렸습니다. 그리고 아무런 말도 없이 중흥사를 나와 방랑의 길을 떠났습니다.
　김시습은 북으로 안시향령, 동으로 금강산과 오대산, 남으로 다도해에 이르기까지 전국 각지를 떠돌아다녔습니다.

방방곡곡을 정처 없이 떠돌며 그가 하는 일은 그저 시를 짓는 것이었습니다. 김시습은 종이에 시를 써서 물 위에 띄워 보내기도 하고, 나무를 깎아 시를 새겨 넣기도 했습니다.

그의 이런 방랑 생활은 9년 동안 계속되었는데, 이 때 보고, 듣고, 겪은 것을 써서 엮은 책이 '탕유관서록'·'탕유관동록'·'탕유호남록'입니다.

김시습은 한성에 잠깐 들렀을 때 길가에 버려진 사육신(조선 세조 때, 단종의 복위를 꾀하다가 죽은 여섯 명의 충신, 이개·하위지·유성원·유응부·성삼문·박팽년)의 시체를 거두어 노량진 언덕에 묻어 준 적도 있었습니다.

1463년(세조 9년)에 책을 사러 한성으로 돌아온 김시습은, 효령대군(세종의 형)의 요청으로 불경 번역 일을 돕다가 경주로 내려갔습니다. 경주 남쪽에는 금오산이 있었는데, 이 곳에 터를 잡고 산중 생활을 시작한 것입니다.

김시습은 여기서 우리 나라 최초의 소설인 '금오신화'를 쓰게 됩니다.

'금호신화'에는 모두 5편이 수록되어 있는데, '만복사저포기'·'이생규장전'·'취유부벽정기'·'용궁부연록'·'남염부주지' 등이 그것입니다.

김시습은 이 작품들을 쓴 뒤, 언젠가 작품의 참된 값어치를 알아 줄 사람이 있을 거라며, 그 원본을 돌함에 넣어 두었다고 전해집니다.

김시습은 금오산에서 7년을 보낸 뒤, 다시 한성으로 돌아왔습니다.

그 사이 한성에는 많은 변화가 있었습니다. 세조가 죽고, 그의 둘째 아들인 예종이 왕위를 이었습니다.

그러나 예종은 1년 만에 병으로 죽어, 세조의 손자인 성종이 왕위를 물려받았습니다.

또한, 오랜 벗이었던 서거정이 예문관 대제학(정2품)에 올라 있고, 김수온 역시 판서의 자리에 있었습니다.

서거정과 김수온은 김시습에게 벼슬길에 오를 것을 권했습니다. 세상이 바뀌었으니 선비로서 그 뜻을 펼 때가 아니냐는 것이었습니다.

그러나 김시습은 고개를 저었습니다. 그리고 다음과 같은 시를 읊었습니다.

나 비록 벼슬하는 영화 없으나
내 마음 한가로워 편안하구나.

개미 쳇바퀴 돌고 돌 듯이
이 세상 사람들 괴로워하나
나 홀로 푸른 산 병풍을 삼고
밤이면 달 밝아 촛불 비치네.
가야금 줄 다스려 옛 글 익히니
어느덧 동녘에 날 밝아 오네.

　김시습은 부귀영화를 얻기 위해 권력에 빌붙어 지내는 벼슬살이보다, 자연과 책을 벗삼아 지내는 전원 생활이 좋았던 것입니다.
　김시습은 성동에서 농사를 지으며 살다가, 1481년(성종 12년) 안씨 성을 가진 여자와 결혼했습니다. 머리를 기르고 고기를 먹기 시작한 지 얼마 안 되서였습니다.
　이렇게 환속(스님이 도로 속인이 되는 것)해 버린 김시습은, 가정을 이룬 지 1년도 못 되어 다시 방랑의 길을 나섰습니다. 그것은 아내가 세상을 떠나 버린 탓이었습니다.
　김시습은 강원도로 향했습니다. 설악산·강릉·양양 등지를 돌아다니다가 충청도로 발길을 돌렸습니다. 이 때 그의 나이는 59세였습니다.
　충청도 홍산(부여군에 있음)의 무량사를 찾았을 때는 이미 그의 몸에는 죽음의 그림자가 드리워진 뒤였습니다.

김시습은 1493년(성종 24년) 3월, 무량사의 골방에서 조용히 눈을 감았습니다.

　생육신(조선 시대 세조가 단종으로부터 왕위를 빼앗자 세상에 뜻이 없어 벼슬을 버리고 절개를 지킨 여섯 신하, 이맹전·조여·원호·김시습·성담수·남효온)의 한 사람으로 유명한 김시습은, 끝까지 절개를 지킨 방랑의 천재 시인이었습니다.

윤선도

시조 문학의 대가

1587~1671. 자는 약이(約而), 호는 고산(孤山)·해옹(海翁), 시호는 충헌(忠憲).

조선 중기 문신이자 시조 작가로, 1612년(광해군 4년) 진사가 되었고, 1616년 함경도 경원 등지에 유배되었다. 1652년(효종 3년) 왕명으로 복직, 예조참의 등에 이르렀으나 서인의 중상으로 사직했다가 중추부첨지사에 복직되었다. 그는 치열한 당쟁으로 20여 년의 유배생활과 19년의 은거생활을 하면서 많은 시조를 지었다. 특히, 〈오우가(五友歌)〉가 수록된 《산중신곡》과 《산중속신곡》, 그리고 《어부사시사》 등의 시가는 한국어에 새로운 뜻을 창조하여 활용한 뛰어난 서정적 작품이다. 그는 정철·박인로와 함께 조선시대 삼대가인(三大歌人)으로 불리운다. 저서에 《고산유고》가 있다.

1587년(선조 20년) 6월, 예빈시 부정(종3품)을 지낸 윤유심이 둘째 아들 윤선도를 얻기 며칠 전이었습니다.

어둑어둑한 새벽녘, 윤유심의 아내가 갑자기 비명을 지르며 잠에서 깨어났습니다. 이마에선 식은땀이 흘러내리고 있었습니다.

윤유심은 아내의 비명 소리에 놀라 깨어 물었습니다.

"부인, 왜 그러시오? 무서운 꿈을 꾸셨소?"

"아니오, 꿈이 하도 희한하고 섬뜩해서……. 우리 집 우물로 느닷없이 학이 날아오더니, 미꾸라지를 입에 물고 날아오르는 거예요. 한데 어느 순간 미꾸라지가 커다란 이무기로 변하고, 그 이무기가 다시 용으로 변하더라고요."

"꿈 속에서 용을 보면 좋은 일이 생긴다고 하던데……. 아들 낳을 꿈을 꾸셨구려. 그런데 꿈이 희한하고 섬뜩했다니, 그게 무슨 말이오?"

"제 얘기를 마저 들어 보세요. 꿈에 보니 우리 고장이, 오래도록 비가 오지 않아 난리더라고요. 논바닥은 거북이 등처럼 쩍쩍 갈라져 있고……. 한데 용이 하늘로 올라간 뒤 비가 내리기 시작하는 거예요. 오랜 가뭄 끝에 오는 비라 사람들은 기뻐 어쩔 줄 몰라했죠. 덩실덩실 춤을 추기까지 했어요. 그런데 이 비는 좀처럼 그치지 않았어요. 며칠 동안 계속해서 내렸지요. 저는 우물가로 나왔다가 소스라치게 놀랐어요. 비가 많이 와 우물물이 넘치기 시작하는데, 우물에서 용이……."

"용이 어쨌다는 거요?"

"죽은 용이 떠오르는 것이었어요."

"죽은 용이?"

윤유심은 아내의 말을 듣고 얼굴빛이 창백해졌습니다. 그 얼굴에는 절망의 빛마저 감돌고 있었습니다.

한참 뒤에 윤유심이 탄식하듯 중얼거렸습니다.

"때를 잘못 만났어, 때를……."

윤유심은 곧 태어날 아기의 장래를 내다보았던 것입니다.

그로부터 며칠 뒤인 6월 22일, 윤유심의 아내는 아기를 낳았습니다. 이 아기가 뒷날 시조 문학의 대가로서 송강 정철과 더불어 쌍벽을 이루게 되는 고산 윤선도입니다.

윤선도는 6세 때 아들이 없는 큰아버지 윤유기의 양자로 들어갔습니다. 윤유기는 과거 시험에 합격한 뒤, 강원도 관찰사에 이르는 벼슬을 했던 인물입니다.

친아버지의 집은 한성이고, 양아버지의 집은 전라도 해남이었습니다. 따라서 윤선도는 해남으로 내려가 어린 시절을 보냈습니다.

윤선도는 아버지한테서 글을 배웠습니다. 그리고 좀더 자라서는 절에 들어가 스승 없이 혼자서 글공부를 했습니다.

윤선도는 남달리 책을 좋아하여 여러 분야의 책을 두루 읽었습니다. 사서삼경뿐 아니라 의약·천문·지리·음양·복서(길흉을 점치는 것)·풍수에 이르기까지 모두 능통했습니다.

1612년(광해군 4년)에 진사 시험에 장원 급제한 윤선도는 1616년(광해군 8년) 12월, 성균관 유생으로서 임금에게 상소를 올렸습니다. 그것은 이이첨·박승종·유희분 등 권세를 부리는 무리들의 죄상을 폭로하고 성토하는 글이었습니다.

'병진 상소'라 불리는 이 글은 임금에게 전해지지는 못했지만, 이이첨 일파의 간담을 서늘케 한 것이었습니다.

그러나 이로 말미암아 윤선도의 아버지인 윤유기는 관찰사 자리에서 쫓겨났고, 윤선도도 함경도 경원 땅으로 귀양을 떠났습니다.

윤선도는 귀양지에서도 시조 여섯 수를 지었는데, '견회요' 다섯 수와 단시조 '우후요'가 그것입니다.

'견회요'는 자연과 더불어 수양하는 은둔 생활, 자기의 억울한 심정의 고백, 임금에 대한 그리움, 어버이를 그리는 외로운 심정, 임금에 대한 충성심을 떠나서 부모에 대한 효성을 생각할 수 없다는 충효의 관념 등을 읊은 것입니다.

그리고 '우후요'는 어떤 재상이 잘못을 뉘우쳤다는 말을 듣고, 이제는 지루한 비도 개고 구름도 걷혀 가뿐한 기분이 든다는 내용입니다.

윤선도는 1년 뒤 경상도 기장으로 옮겨졌다가, 1623년 인조반정을 맞게 됩니다. 윤선도는 이 때 비로소 풀려났는데, 꼭 8년 만이었습니다.

집에 돌아온 윤선도는 아내가 차려 준 쌀밥을 내려다보았습니다. 그 동안 귀양지에서 잡곡만 먹고 쌀밥 구경도 못 해 본 그였습니다.

윤선도는 고개를 갸우뚱하며, 아내에게 물었습니다.

"부인, 이게 뭐지요? 어디서 많이 보던 것 같은데……."

아내는 남편의 말을 듣고 울음을 터뜨리고 말았습니다.

광해군이 쫓겨나고 인조가 임금의 자리에 오르면서, 윤선도에게 벼슬이 내려졌습니다. 의금부 도사(종5품)에 임명된 것입니다.

그러나 윤선도는 석 달 만에 관직을 그만두고, 고향 해남으로 내려갔습니다.

윤선도는 42세 때 다시 한성으로 올라오는데, 별시 문과 초시를 치르기 위해서였습니다.

이 시험의 시험관은 이조 판서 장유였습니다. 그는 문장가로 이름난 사람이었는데, 윤선도가 낸 글을 읽게 되었습니다. 그것은 정치에 관한 글이었습니다.

장유는 윤선도의 글을 단숨에 읽더니 무릎을 쳤습니다.

"오, 동국 제일이야! 이렇게 빼어난 인재가 숨어 있었다니!"

윤선도는 장원으로 뽑혔습니다. 그리고 장유의 적극적인 추천으로 봉림대군과 인평대군의 사부가 되었습니다.

이 때부터 그에게는 벼슬길이 열리는 듯 싶었습니다. 사부는 관직을 겸하지 못하게 되어 있는데도 그는 예외였습니다.

공조 좌랑(정6품) · 형조 정랑(정5품) · 호조 정랑(정5품) · 사복시 첨정(종4품) · 한성부 서윤(종4품) 등을 지냈습니다.

또한, 47세 때인 1633년(인종 11년)에는 병과시에 장원 급제하고, 예조 정랑(정5품)을 지낸 뒤 시강원 문학(정5품)이 되었습니다.

그러나 1634년에 모함을 받아 성산 현감으로 떨어졌다가, 이듬해 벼슬에서 물러나고 말았습니다.

윤선도는 다시 고향으로 내려갔습니다.

1636년(인조 14년), 병자호란이 일어났습니다. 청나라 태종이 10만 대군을 거느리고 조선으로 쳐들어온 것입니다.

조정에서는 이를 뒤늦게 알고 강화와 한성을 수비케 하는 한편, 종묘 사직(왕실과 나라를 함께 이르는 말)의 신주와 세자비 · 원손 · 봉림대군 · 인평대군을 비롯한 종실 등을 강화로 피난하게 하였습니다.

인조도 강화로 피난하려 했으나, 이미 청나라군에 의해 길이 막혀 급히 남한산성으로 피했습니다.

이 무렵 윤선도는 난리가 났다는 소문을 해남에서 들었습니다. 그는 큰 배를 마련하여 가족들과 집에서 부리는 종 등 수백 명을 태웠습니다. 그리고는 강화를 향해 출발했습니다.

윤선도 일행이 강화에 다다른 것은 1월 29일이었습니다. 그러나 강화는 이미 청나라군에 점령당한 뒤였습니다.

윤선도는 인조가 남한산성에 있다는 소식을 듣고, 그리로 가리라 마음먹었습니다. 그래서 일단 배를 돌려 해남으로 향했습니다.

고향에 들렀다가 가기로 한 것입니다.

그런데 돌아가는 뱃길에서 윤선도는 충격적인 소식을 들었습니다. 1월 30일, 인조가 남한산성 문을 나와 삼전도에서 청나라 태종에게 굴욕적인 항복을 하고, 한강을 건너 한성으로 돌아갔다는 것이었습니다.

윤선도는 울분을 터뜨렸습니다.

'오랑캐 놈들에게 수치와 모욕을 당했구나. 아아, 세상이 싫다, 싫어.'

윤선도는 고향으로 돌아가지 않기로 했습니다. 그냥 이대로 배를 몰아 탐라(제주도)로 가기로 했습니다.

'탐라에 가면 두 번 다시 세상에 나오지 않으리라.'

윤선도는 이렇게 결심하고, 뱃머리를 탐라로 돌렸습니다.

배는 바다 위를 미끄러져 갔습니다.

윤선도는 보길도를 지날 때 배를 멈추게 했습니다. 보길도의 경치가 너무나 아름다웠던 것입니다.

윤선도는 배에서 내려 섬을 둘러보았습니다. 탄성이 절로 나왔습니다.

'아름다운 섬이로구나. 멀리 탐라까지 갈 것 없이 여기서 살아야겠다.'

윤선도는 이렇게 마음먹고 보길도로 짐을 옮겼습니다.

윤선도는 격자봉 아래에 집을 지어 '낙서재'라 이름 붙이고, 그곳을 '부용동'이라 불렀습니다.

그러나 윤선도는 부용동에 정착한 이듬해에 뭍으로 잡혀 나오게 되었습니다. 병자호란 때 임금을 배알하지 않았다는 것이 그 죄였습니다. 그는 경상도 영덕 땅으로 귀양을 떠났습니다.

다음 해, 귀양이 풀린 윤선도는 그 후 10여 년 동안 부용동과 새로 찾아낸 금쇄동을 오가며 전원 생활에 젖어 지냈습니다.

'산중신곡', '산중속신곡'은 윤선도가 금쇄동의 자연 속에 묻혀 살 때 지은 작품들입니다. 19수가 담긴 '산중신곡'과 2수가 담긴 '산중속신곡'은 그의 대표적 시조로 꼽힙니다.

그 가운데서도 '산중신곡'에 있는 '오우가' 6수는 오늘날까지 널리 애송되고 있습니다.

내 벗이 몇이나 하니 수석과 송죽이라.
동산에 달 오르니 그 더욱 반갑고야.
두어라, 이 다섯 밖에 또 더하여 무엇 하리.

구름 빛이 좋다 하나 검기를 자로 한다.
바람 소리 맑다 하나 그칠 적이 하노매라.
좋고도 그칠 뉘 없기는 물뿐인가 하노라.

꽃은 무슨 일로 피면서 쉬이 지고,
풀은 어이하여 푸르는 듯 누르나니.
아마도 변치 아닐손 바위뿐인가 하노라.

작은 것이 높이 떠서 만물을 다 비추니,
밤중에 광명이 너만한 이 또 있느냐.
보고도 말 아니하니 내 벗인가 하노라.

더우면 꽃피고 추우면 잎 지거늘,
솔아, 너는 어찌 눈서리를 모르는다.
구천에 뿌리 곧은 줄을 글로 하여 아노라.

나무도 아닌 것이, 풀도 아닌 것이
곧기는 뉘 시기며 속은 어이 비었는다.
저렇듯 사시에 푸르니 그를 좋아하노라.

또다른 대표작 '어부사시사'는 윤선도가 65세 되는 해에 부용동에서 한가한 나날을 보내며 지은 작품입니다. 봄 노래, 여름 노래, 가을 노래, 겨울 노래로 나뉘어 각각 10수씩 모두 40수로 되어 있습니다.

66세 되는 해인 1652년(효종 3년), 윤선도는 효종의 부름을 받아 예조 참의(정3품)가 되었습니다.

그러나 서인의 모략으로 벼슬을 그만두고, 경기도 양주의 고산으로 들어갔습니다. 윤선도는 여기서 '몽천요' 3수를 지었습니다.

1657년(효종 8년)에 71세의 나이로 첨지중추부사(정3품)에 임명된 윤선도는 다음 해에 공조 참의(정3품)가 되었습니다.

그러나 서인들과 자주 싸운 끝에, 1660년에는 함경도 삼수 땅으로 유배를 떠나는 몸이 되었습니다.

그의 유배 생활은 1667년(현종 8년) 7월에야 끝났으니, 무려 7년 동안 갇혀 지낸 셈이었습니다. 이 때 그의 나이는 81세였습니다. 윤선도는 부용동으로 돌아갔습니다.

그는 부용동 낙서재에서 자연과 벗하며 살다가, 4년 뒤인 1671년(현종 12년) 6월 11일 세상을 떠났습니다.

바른 말 잘하는 강직한 성품 때문에 세 차례에 걸쳐 19년의 귀양살이를 했지만, 윤선도는 너그러운 인품의 소유자였습니다. 정적(정치상으로 서로 대립되는 적)일지라도 그가 어려움에 처하면 도움을 주었습니다.

어느 날, 정적 원두표가 죽을 병에 걸려 몸져누웠습니다. 용하다는 의원을 부르고 좋다는 약은 다 써 보았지만, 아무 효과가 없었습니다.

원두표의 아들이 낙심하고 있을 때, 누군가 찾아와 이렇게 말했습니다.

"너무 걱정하지 마시오. 댁의 부친은 윤선도가 지어 주는 약을 먹으면 씻은 듯이 나을 거요."

"그게 정말입니까? 하지만 그분은 아버지와 사이가 안 좋아서 제가 부탁하면 들어 주실지 의문이군요."

"허허, 염려 마시오. 사정 얘기를 하면 흔쾌히 약을 지어 주실 거요."

원두표의 아들은 마음이 내키지 않았지만, 윤선도를 찾아가서 사정 얘기를 했습니다.

그러자 윤선도는 정성을 다해 약을 지어 주었습니다.

원두표가 약을 먹으려 하자 아랫사람이,

"대감, 아무래도 약이 의심쩍습니다. 그러니까 들지 마십시오."

하고 말렸습니다.

그러나 원두표는 빙그레 웃으며,

"독약일까 봐 그러나? 염려할 것 없네."

하고는 약사발을 단숨에 비웠습니다. 물론 원두표는 윤선도가 지어 준 약을 먹고 깨끗이 나았다고 합니다.

그 후 원두표는 아들에게 이렇게 충고했답니다.

"윤씨 집안과 원수를 맺어서는 안 된다. 우리 집안의 은인이니라."

이렇듯 윤선도는 강직하지만 너그러운 사람이었으며, 무엇보다도 자연을 시로써 승화시킨 빼어난 시인이었습니다. 그의 문집으로는 시조 75수가 실린 '고산유고'가 있습니다.

김만중

한글 소설의 선구자

1637~1692, 자는 중숙(重叔), 호는 서포(西浦), 시호는 문효(文孝). 조선 중기의 문신이자 문학가로, 1665년(현종 6년) 정시 문과에 장원으로 급제한 뒤, 정언(正言)·수찬(修撰)을 역임하였고 1671년에 암행어사가 되어 경기·삼남(三南) 지역의 민정을 살폈다. 장숙의(張淑儀) 일가를 둘러싼 사건에 연루되어 선천으로 유배되었다가 1688년(숙종 14년)에 풀려났으나, 다시 남해에 유배되어 그 곳에서 《구운몽(九雲夢)》을 쓴 뒤 병사하였다. 시문에도 뛰어났고, 유복자로 태어나 효성이 지극해 어머니 윤씨를 위로하기 위하여 국문 소설을 많이 썼다고 하는데, 알려진 작품은 《구운몽》과 《사씨남정기(謝氏南征記)》뿐이다. 그 밖의 작품으로 《서포집(西浦集)》,《서포만필(西浦漫筆)》,《고시선(古詩選)》이 있다.

"**엄마,** 무서워. 엄마······."

여섯 살짜리 만기는 겁에 질린 눈으로 섬을 바라보다가, 엄마의 품에 파고들었습니다.

윤씨 부인은 아들의 등을 토닥거리며 말했습니다.

"만기야, 무서워할 것 없다. 엄마가 있지 않니······"

윤씨 부인은 아들을 품에 안고, 방금 빠져나온 섬을 돌아보았습니다.

강화도는 불타고 있었습니다. 청나라 군사들에게 함락되어, 섬 전체가 불길에 싸여 있었습니다.

강화도에는 세자비·원손(왕세자의 맏아들)을 비롯하여 봉림대군·인평대군 등 임금의 친족이 피난을 와 있었습니다.

이들을 데리고 온 것은 우의정 김상용이었습니다. 그는 강화산성이 함락되기 직전, 화약에 불을 질러 스스로 목숨을 끊었습니다. 적에게 붙잡혀 욕을 당하느니 의로운 죽음을 택한 것입니다. 이 때 김익겸이 그의 뒤를 따랐습니다. 김익겸은 바로 윤씨 부인의 남편이었습니다.

윤씨 부인은 남편이 자결하자, 급히 나룻배 한 척을 얻어 아들 만기와 함께 배에 몸을 실었습니다. 그 때 윤씨 부인의 뱃속에는 어린 생명이 자라고 있었습니다.

친정으로 돌아온 윤씨 부인은 1637년(인조 15년)에 아들을 낳

앉습니다. 이 아이가 뒷날 가사 문학의 송강 정철, 시조 문학의 고산 윤선도와 함께 조선 시대 3대 고전 문학가로 꼽히는 서포 '김만중'입니다.

어머니 윤씨 부인은 친정 부모님이 돌아가시자, 집안 살림을 혼자 떠맡아야 했습니다. 손수 베를 짜고 수를 놓아 생계를 꾸려 갔습니다. 가난에 쪼들리는 형편이었지만, 두 아들을 키우는 데 온 정성을 쏟았습니다.

윤씨 부인은 아이들이 꼭 읽어야 할 책이라면 반드시 구해 읽게 했습니다. '맹자'·'중용' 등은 곡식을 주고 사서 읽게 했으며, '좌씨전' 같은 책은 베틀의 명주를 끊어 주고 사서 읽게 했습니다. 또한 '시경 언해'는 이웃에 사는 홍문관 서리에게서 빌려 윤씨 부인이 직접 베꼈는데, 글자의 획이 어찌나 바른지, 마치 구슬을 꿴 것 같았답니다.

윤씨 부인은 두 아들이 어렸을 때는 '소학'·'사략'·'당시' 등을 손수 가르쳤습니다.

그런데 그 가르치는 방법이 특이했습니다. 어머니와 자식 사이에 여름에는 발을 치고, 겨울에는 병풍을 치고 글공부를 시켰던 것입니다. 따라서 어머니와 아들은 서로 얼굴을 볼 수가 없었습니다.

이 광경을 본 이웃 사람이 그 까닭을 물었습니다. 그러자 부인

이 대답했습니다.

"저 역시 조그마한 일에도 울고 웃는 아녀자의 몸입니다. 제 아이들이 글을 잘 읽으면 저는 틀림없이 얼굴에 기쁜 빛이 떠오를 것입니다. 그렇게 되면 아이들은 자기가 잘난 줄 알고 아주 교만해지겠지요. 그 반대의 경우는 또 이렇습니다. 제 아들의 글솜씨가 형편없으면 저는 화가 치밀어 얼굴이 붉으락푸르락하겠지요. 이를 본다면 아이들은 주눅이 들어 비굴해질 것입니다. 저는 두 가지 경우를 다 원치 않습니다. 그래서 아이들과 저 사이에 가리개를 쳤던 것입니다."

이처럼 자식 교육에 남다른 신경을 썼던 어머니의 가르침에 힘

입어, 두 아들은 모두 과거에 합격했습니다. 1653년(효종 4년)에는 형 만기가, 1665년(현종 6년)에는 만중이 합격의 기쁨을 누렸습니다.

김만중은 1666년부터 벼슬살이를 시작하여 정언(정6품)·지평(정5품)·수찬(정6품)·교리(정5품)를 거쳐, 1671년(현종 12년)에는 암행 어사가 되어 경기 및 삼남(충청도·전라도·경상도) 지방을 둘러보았습니다.

그 후 겸문학(정5품)을 지내고 동부승지(정3품)까지 올랐는데, 1674년에 김만중에게 한 차례 시련이 닥쳤습니다. 인선대비의 상복 문제로 서인이 패배하자, 김만중은 관직을 삭탈당해 쫓겨난 것입니다.

그러나 5년 뒤인 1679년(숙종 5년), 김만중은 다시 벼슬길에 오르게 됩니다. 예조 참의(정3품)를 시작으로 공조 판서(정2품), 대사헌(종2품)을 거쳐 1685년에는 홍문관 대제학(정2품)이 되었습니다.

김만중은 대제학의 벼슬에 있으면서도, 일을 마치면 곧장 집으로 와 어머니를 지극정성으로 모셨습니다. 그는 효자 중의 효자였던 것입니다.

그의 효심에 대해서는 조선 영조 때의 성리학자인 이재가 쓴 '삼관기'를 보면 자세히 알 수 있습니다.

'서포 김만중은 대단히 효성이 지극했다. 유복자(아버지가 죽을 때 어머니 뱃속에 있던 자식)로 태어나 아버지의 얼굴을 모르는 것을 평생의 슬픈 일로 여겼었다. 어머니의 사랑도 지극했지만, 또한 어머니의 뜻을 받들어 그 뜻을 즐겁게 하는 모양은, 마치 어린 병아리가 어미 앞에서 삐약삐약거리며 우는 것과도 같았다. 유씨 부인은 옛 역사나 신기하고도 이상한 일들을 적은 책을 좋아하였으므로, 서포는 많은 이야기책을 모아서 밤낮으로 그것을 이야기하며, 어머니를 즐겁게 해 드렸다. 젊어서부터 늙을 때까지 공적인 일이 아니면 한 번도 어머니 곁을 떠난 일이 없었고, 벼슬을 그만두었을 때에는 이른 아침에 문안드리러 가서는 저녁에 주무셔야 돌아왔다. 옆집 사람이 이를 가만히 살펴보니 한 번도 어긋남이 없었다. 서포의 지극한 효성은 이와 같았다.'

김만중의 종손인 김춘택은 '구운몽'·'사씨 남정기'를 한문으로 번역했는데, 자신의 문집 '북헌집'에서 서포의 효성을 이렇게 기록했습니다.

'나는 어렸을 때 선생이 어머니를 모시는 것을 본 적이 있다. 그것은 마치 아기가 어머니 품에 안겨 젖을 먹으려는 것과 같았다. 어머니를 즐겁게 해 드리려고 노력하는 그 모습은 정말 감동적이었다.'

1686년(숙종 12년), 김만중은 지경연사(정2품)가 되었습니다.

그러나 이듬해, 가을 당쟁의 소용돌이에 휘말려 평안도 선천으로 귀양을 떠나게 되었습니다.

이 때 윤씨 부인은 성 밖까지 따라와 아들에게 말했습니다.

"귀양을 간다고 괴로워할 것 없다. 충신이라면 한 번쯤 거쳐 가야 하는 길 아니냐. 내 걱정은 조금도 하지 말고 아무쪼록 몸조심하거라."

김만중은 어머니의 배웅을 받으며, 평안도 선천 땅으로 갔습니다.

그로부터 1년 뒤인 1688년 11월, 귀양에서 풀려나온 김만중은 3개월 뒤인 1689년 2월에 또다시 귀양을 갔습니다. 이번에는 남해의 외딴 섬이었습니다.

김만중은 이 곳에서 어머니를 그리워하며, 다음과 같은 시를 지었습니다.

해마다 어머니 생신이면
형제가 마주 서서
색동옷 입고
춤을 추었건만
이제 아우 하나는 임금의 명을 받아
어머니 곁을 떠났으니
아, 어찌 어머니 마음이 즐거우시랴.

김만중은 우리 문학이 마땅히 우리글인 한글로 씌어져야 한다고 생각했습니다. 그래서 한문 소설을 배격하고 한글 소설을 쓰게 되는데, 그 대표적인 작품이 '사씨 남정기'와 '구운몽'입니다.

그가 남해에서 완성한 '구운몽'은 특히 옛이야기를 좋아하는 어머니를 위로하기 위해 쓴 것이라고 합니다.

어머니 윤씨 부인은 73세에 세상을 떠났는데, 남해에서 이 소식을 들은 김만중은 하늘이 무너져 내리는 것 같았습니다.

김만중은 몇 날 며칠을 뜬눈으로 지새운 뒤 붓을 들었습니다. 어머니의 평생 살아온 행적을 기록하기로 한 것입니다. 이렇게 하여 씌어진 것이 '윤씨 행장기'입니다.

1692년(숙종 18년) 4월 30일, 김만중은 귀양지에서 혼자 쓸쓸히 숨을 거두었습니다. 그의 나이 56세, 귀양 온 지 꼭 3년 만이었습니다.

방정환

어린이 운동의 선구자

1899~1931, 호는 소파(小波).

최초의 아동문화운동 단체인 색동회, 청년구락부, 소년운동협의회 등을 조직하고 한국 최초의 순수 아동잡지 《어린이(1923)》의 창간을 비롯한 《신청년》, 《신여성》, 《학생》 등의 잡지를 편집·발간하고, 계몽운동과 아동문화운동에 앞장섰다. 창작동화뿐만 아니라 많은 번역·번안 동화 및 수필과 평론을 통해 아동문학의 보급과 아동보호운동을 하였다. 1940년 《소파전집(1940)》을 박문출판사가 간행하고, 광복 후 조선아동문화협회에서 《소파 동화독본(1947)》 전5권을 펴냈다. 1957년 그의 정신을 기리기 위해 〈소파상〉이 제정되었고, 1978년에 금관문화훈장, 1980년에는 건국포장이 수여되었다.

서울 아주개(지금의 당주동)에 사는 일곱 살 소년 정환은 자기보다 두 살 위인 삼촌이 부러웠습니다. 삼촌은 날마다 책보를 둘러메고 학교를 다니고 있었던 것입니다.

'나도 삼촌처럼 학교를 다녀 봤으면……'

정환은 학교에 보내 달라고 할아버지에게 조른 적이 몇 번 있었습니다. 그런데 그 때마다 할아버지는 아직 나이가 어려서 안 된다고 하시는 것이었습니다.

'나는 아직까지 학교 구경도 못해 봤어. 삼촌은 학교에서 어떻게 공부하는 것일까?'

정환은 학생들이 공부하는 모습이 너무 보고 싶었습니다. 그래서 어느 날 아침, 집을 나서는 삼촌 뒤를 쫓아 학교까지 몰래 따라가 보았습니다.

정환은 학교 운동장을 둘러보고는 교실 가까이 다가갔습니다.

교실에서는 아이들이 책상 앞에 앉아 책상 위에 책을 펼쳐 놓고는 글을 읽고 있었습니다.

정환은 유리창 너머로 교실 안을 훔쳐보며, 고개를 끄덕였습니다.

'아, 학교에서는 저렇게 공부하는 거로구나. 앞에 서 계신 분이 선생님이고……'

정환이는 교단 위에 서 있는 선생님을 바라보았습니다.

그런데 바로 그 때, 누군가 정환의 어깨에 손을 얹으며 물었습니다.

"넌 누구니?"

정환은 놀란 얼굴로 뒤돌아보았습니다. 나이가 지긋한 어른이 자기를 내려다보고 있었습니다. 이 학교의 교장 선생님이었습니다.

"저는 학교가 보고 싶어서 왔어요. 제 이름은 방정환이에요."

정환이 떠듬떠듬 말하자, 교장 선생님은 얼굴에 인자한 미소를 떠올렸습니다.

"정환아, 학교에 다니고 싶니?"

"예! 제 간절한 소원이에요."

"호, 간절한 소원이라고? 그 녀석 참 말도 잘하는구나. 그래, 몇 살이니?"

"일곱 살이에요."

"일곱 살이면 학교에 다닐 수 있지. 암, 다닐 수 있고말고. 그 대신 학생이 되려면 네 긴 머리는 잘라야 한다."

교장 선생님은 정환을 교장실로 데리고 갔습니다. 그리고는 여자처럼 길게 땋은 머리를 가위로 삭둑삭둑 잘라 주었습니다.

정환은 까까머리가 되었어도 신바람이 났습니다.

"야호! 나도 오늘부터 학생이다!"

정환은 환호성을 지르며, 한걸음에 집으로 달려갔습니다.

그러나 정환을 본 집안 어른들은 너무 놀라서 기절할 뻔했습니다.

"이 녀석아, 네 꼴이 그게 뭐냐?"

"어느 놈한테 머리를 깎였니?"

"아이고, 이 무슨 날벼락이냐!"

당시만 해도 머리를 깎으면 큰일이 나는 줄 알았습니다. 목숨처럼 소중히 여기는 것이 바로 머리카락이었습니다.

정환은 집안 어른들이 새파랗게 질려도 아랑곳하지 않았습니다. 학교를 다닐 수 있게 된 것이 무엇보다 기뻤기 때문입니다.

정환은 다음 날부터 보성 소학교(초등학교)에 다니기 시작했습니다. 책보를 둘러메고 삼촌과 함께 아침마다 집을 나섰습니다.

그러나 방정환은 정작 이 학교를 졸업하지 못했습니다. 열 살 때 그의 집안이 망했기 때문이었습니다.

그의 아버지 방경수는 어물전(생선 가게)과 싸전(쌀가게)을 했는데, 작은할아버지가 사업에 실패하자 빚쟁이들이 몰려들어 그의 아버지 가게와 집을 빼앗아 간 것입니다.

그의 가족들은 사직 공원 뒤편의 허름한 초가집으로 이사를 했습니다.

이 때부터 방정환은 배고픔에 시달려야 했고, 이집 저집에 쌀을 꾸러 다녀야 했습니다.

미동 보통 학교를 거쳐 1913년에 선린 상업 학교에 입학한 방정환은, 가정 형편 때문에 학교를 계속 다닐 수 없었습니다. 그래서 이듬해에 선린 상업 학교를 그만두고, 조선 총독부 토지 조사국에 들어갔습니다.

방정환이 천도교 제3대 교주인 손병희의 사위가 된 것은 1917년의 일

방정환-어린이 운동의 선구자 **163**

이었습니다.

이 무렵 방정환은 유광열·이복원·이중각 등과 '청년 구락부'라는 비밀 단체를 만들어 활동하고 있었습니다.

다음 해, 보성 전문 학교에 입학한 방정환은 1919년 3·1운동이 일어나자 청년 구락부 회원들과 같이 만세 시위를 했습니다.

당시 보성 전문 학교 교장은 윤익선이었습니다. 윤익선은 '독립신문' 사장을 겸하고 있었습니다.

일본 경찰은 '독립신문'을 발간했다는 죄로 윤익선을 붙잡아 갔습니다.

이에 방정환은 재동에 있는 자기 골방에서 '독립신문'을 찍어 냈습니다.

그로부터 3주 뒤, 방정환은 일본 경찰이 들이닥칠 것을 예상하고 등사판을 우물 속에 집어 넣었습니다.

아니나다를까, 그 직후 종로 경찰서 형사들이 들이닥쳤습니다.

그들은 방정환을 경찰서로 데려가 온갖 고문을 가하며 자백을 강요했습니다.

그러나 방정환은 끝끝내 입을 열지 않았습니다.

일주일 만에 풀려난 방정환은, 그 해 가을, 일본 동경으로 건너가 동양 대학 철학과에 입학했습니다.

방정환은 아동 예술과 아동 심리를 공부하며, 어린이 운동에 관심을 갖기 시작했습니다.

1921년 여름 방학 때 고국에 돌아온 그는 김기전·이정호 등과 같이 천도교 소년회를 결성했습니다. 그리고 전국 방방곡곡을 돌아다니며 강연회를 열었습니다.

방정환은 처음으로 '어린이'란 말을 만들어 쓰며, 어린이들에게 존대말을 쓰자고 부르짖었습니다.

방정환은 다시 일본으로 건너와서 그 해 12월에 어린이를 위한 동화집을 엮었습니다. 그것은 '사랑의 선물'로, 세계 명작 동화를 번역한 것이었습니다.

방정환은 '사랑의 선물' 머리말에서 이렇게 밝혔습니다.

'학대받고, 짓밟히고, 차고 어두운 그 속에서도 우리처럼 자라는 불쌍한 어린 영들을 위하여 그윽히 동정하고 아끼는 사랑의 첫 선물로 나는 이 책을 썼습니다.'

1923년 3월 1일, 방정환은 어린이 잡지 '어린이'를 창간했습니다. 그는 이 잡지를 동경에서 편집하여 천도교 소년회 이름으로 펴냈습니다.

'어린이'는 1934년의 123호까지 발행되었는데, 이 잡지는 우리나라 아동 문학의 길잡이 역할을 톡톡히 했습니다.

1920년대에는 마해송·고한승·진장섭·정인섭 등의 동화·동극, 윤극영·정순철의 동요가 첫선을 보였고, 1930년대 초에는

주요한·주요섭·이광수·이태준·박태원·정지용 등도 아동 문학 작품을 썼습니다.

한편, 이 잡지의 애독자였던 이원수·윤석중·서덕출·박목월 등이 이 잡지를 통해 등단하여 빼어난 작품을 계속 발표하기도 했습니다.

1923년 3월 16일, 방정환은 일본 동경에서 어린이 운동 단체인 '색동회'를 만들었습니다.

창립 동인은 방정환·손진태·윤극영·정순철·고한승·진장섭·조재호·정병기 등 일본 유학생이었습니다.

뒤에 마해송·정인섭·최진순·이헌구·최영주·윤석중이 가담하여 동인이 되었습니다.

방정환은 5월 1일을 '어린이날'로 정하고(1946년부터 5월 5일로 개정), 어린이와 어른들에게 주는 글을 발표했습니다.

〈어린 동무들에게〉
1. 돋는 해와 지는 해를 반드시 보기로 합시다.
2. 어른에게는 물론이고 당신들끼리도 서로 존경하고 서로 존대하기로 합시다.
3. 변소나 담벽에 글씨를 쓰거나 그림 같은 것을 그리지 말기로 합시다.
4. 길가에서 떼를 지어 놀거나 유리 같은 것을 버리지 말기로 합시다.
5. 꽃이나 풀은 꺾지 말고 동물을 사랑하기로 합시다.
6. 전차나 기차에서는 어른에게 자리를 양보하기로 합시다.
7. 입은 꼭 다물고 몸은 바로 가지기로 합시다.

〈어른에게 드리는 글〉
1. 어린이를 내려다보지 말고 쳐다보아 주시오.
2. 어린이를 가까이하여 자주 이야기해 주시오.

3. 어린이에게 존대말을 쓰되, 늘 부드럽게 해 주시오.

4. 이발이나 목욕·의복 같은 것을 때맞추어 해 주시오.

5. 잠자는 것과 운동하는 것을 충분히 하게 해 주시오.

6. 산보 같은 것을 가끔 시켜 주시오.

7. 어린이를 책망할 때에는 쉽게 성만 내지 마시고 차근차근 타일러 주시오.

8. 어린이들이 서로 모여 즐겁게 놀 만한 놀이터나 기관 같은 것을 지어 주시오.

방정환은 또한 첫 어린이날의 구호를 지었습니다. 그것은 '씩씩하고 참된 소년이 됩시다. 그리고 늘 서로 사랑하며 도와 갑시다'였습니다. 방정환은 이 구호를 '어린이' 잡지에 매호마다 독자 사진과 함께 실었습니다.

또한, 방정환은 해마다 어린이날 기념 행사를 벌였습니다. 1924년에는 전국 소년 지도자 대회, 1925년에는 동화 구연 대회를 열었고, 1928년에는 세계 20여 개 나라 어린이들이 참가하는 세계 아동 예술 전람회를 열었습니다.

방정환은 동화 구연가로 이름을 날렸습니다. 어찌나 이야기를 잘하는지, 사람들을 마음대로 울리고 웃겼습니다. 그를 감시하러 나온 일본 경관조차 그의 이야기를 듣고 눈물을 흘릴 정도였습니다.

1931년에 방정환은 과로에 신장염과 고혈압 증세를 보여 병원에 입원했습니다. 그런데도 그는 병원에서도 간호사들에게 동화를 들려 주었습니다.

1931년 7월 23일 저녁 6시 54분, 방정환은 끝내 회복하지 못하고 눈을 감았습니다. 한창 나이인 33세였습니다.

윤동주

'하늘과 바람과 별과 시'의 청년 시인

1917～1945, 아명은 해환(海煥).

1925년에 명동소학교에 입학, 1931년에 대랍자의 중국인관립학교를 거쳐 1932년에는 용정의 은진중학교에 입학하였다. 1938년 서울 연희전문학교 문과에 입학, 1939년 산문《달을 쏘다》를 조선일보에, 동요《산울림》을 소년지에 각각 발표하였다. 1943년, 귀국 직전에 항일운동을 한 혐의로 송몽규와 함께 체포되어 2년형을 받고 후쿠오카형무소에서 복역하다 1945년에 옥사하였다. 초기 시《겨울》,《조개껍질》,《버선본》등에서는 암울한 분위기와 유년적 평화를 지향하고 있으며, 후기 시《서시》,《자화상》,《별 헤는 밤》등에서는 역사 감각을 지닌 자아성찰을 보여준다. 유고시집《하늘과 바람과 별과 시》가 있다.

'**용정에서** 난 동생 광주를 제외한 우리 남매들이 태어난 명동 집은 마을에서도 돋보이는 큰 기와집이었다. 마당에는 자두나무들이 있고, 지붕 얹은 큰 대문을 나서면 텃밭과 타작 마당, 북쪽 울 밖에는 30주 가량의 살구와 자두의 과원, 동쪽 쪽대문을 나가면 우물이 있었고, 그 옆에 큰 오디나무가 있었다. 그 우물가에서는 저만큼 동북쪽 언덕 중턱에 교회당과 고목나무 위에 올려진 종각이 보이었고, 그 건너편 동남쪽에는 이 마을에 어울리지 않도록 커 보이는 학교 건물과 주일 학교 건물들이 보였다. 참으로 평화롭게 보이는 마을이었다.'

윗글은 시인 윤동주의 동생 윤일주가 자기들의 고향 마을에 대해 쓴 글의 일부입니다.

윤동주는 1917년 12월 30일, 만주국 간도성 화룡현 명동촌에서 태어났습니다. 3남 1녀 가운데 장남이었습니다.

윤동주는 태어나자마자 유아 세례를 받았습니다. 그의 집안은 온 식구가 교회에 나가는 기독교 집안이었고, 할아버지 윤하현이 장로직을 맡고 있었습니다. 따라서 윤동주는 어려서부터 교회 주일 학교를 다녔습니다.

윤동주와 고향 마을에서 함께 자라난 시인 김정우(윤동주의 고종사촌 동생)는 '윤동주의 소년 시절'(「나라사랑」 1976년 여름호)이란 글에서, 당시의 윤동주에 대해 다음과 같이 밝혔습니다.

'우리는 주일 학교도 같이 다녔으며, 구주 성탄 때에는 교회당 가까운 그의 집에서 새벽송 준비를 하고 밤샘을 하며 꽃종이를 준비하곤 했다. 옷을 두툼하게 껴입고 벙거지를 뒤집어쓰고 개가죽 버선을 신고 새벽 눈길을 걸어다니며 찬송가를 부르던 것을 생각하면 지금도 한없이 기쁘다.

쫓아오던 햇빛인데
지금 교회당 꼭대기
십자가에 걸리었습니다.

첨탑이 저렇게도 높은데
어떻게 올라갈 수 있을까요.

종소리도 들려 오지 않는데
휘파람이나 불며 서성거리다가,

괴로웠던 사나이,
행복한 예수 그리스도에게처럼
십자가가 허락된다면

　　모가지를 드리우고
　　꽃처럼 피어나는 피를
　　어두워 가는 하늘 밑에
　　조용히 흘리겠습니다.

　나는 그의 시 '십자가'를 읽을 때마다 동주의 집 뒤에 있던 교회당 둘레의 그림 같은 아름다운 풍경과 어린 시절의 교회 생활을 생각지 않을 수 없다.'
　윤동주는 9세가 되는 해인 1925년 4월 4일, 명동 소학교에 입학했습니다.

명동 소학교는 외삼촌인 김약연 장로가 세운 학교였습니다.

이 학교에서는 조선 역사와 조선어를 가르치고, 행사 때는 반드시 태극기를 걸고 애국가를 부르게 했습니다. 따라서 동주는 어려서부터 민족 정신과 독립 사상을 배울 수 있었습니다.

그가 문학에 소질을 보인 것은 명동 소학교 시절부터였습니다. 5학년 때는 같은 반 친구인 송몽규(윤동주의 고종사촌) 등과 등사판 잡지인 '새 명동'을 만들어 동요·동시를 발표했습니다.

윤동주는 1931년 3월 25일에 명동 소학교를 졸업하고, 대립자에 있는 중국인 소학교 6학년에 편입했습니다.

대립자는 명동촌에서 남쪽으로 20리쯤 떨어져 있는 중국인 도시였습니다.

윤동주는 중국인 소학교를 1년 만에 졸업했는데, 그의 시 '별 헤는 밤'에는 이 시절 만난 중국 소녀들의 이름이 나옵니다.

어머님, 나는 별 하나에 아름다운 말 한 마디씩 불러 봅니다. 소학교 때 책상을 같이 했던 아이들의 이름과 패, 경, 옥 이런 이국 소녀들의 이름과, 벌써 아기 어머니 된 계집애들의 이름과, 가난한 이웃 사람들의 이름과, 비둘기, 강아지, 토끼, 노새, 노루, '프랑시스 잼', '라이나 마리아 릴케', 이런 시인의 이름을 불러 봅니다.

　이 시에 나오는 '패, 경, 옥 이런 이국 소녀들'이 바로 중국인 소학교 시절의 그 중국 소녀들인 것입니다.

　1932년 4월, 윤동주는 은진 중학교에 입학했습니다.

　은진 중학교는 캐나다 선교부에서 세운 미션 스쿨(기독교에서 교육과 전도를 목적으로 세운 학교)로, 간도 용정에 있었습니다.

　용정은 명동촌에서 30리 거리로, 윤동주가 통학하기에는 너무 멀었습니다. 그래서 윤동주 아버지 윤영석은 집과 논밭을 소작인에게 맡기고, 은진 중학교 근처로 이사했습니다.

　그리고 용정에 인쇄소를 차렸습니다.

　윤동주의 학교 생활에 대해 윤일주는 다음과 같이 밝힌 바 있습니다.

'우리가 용정에 자리잡은 곳은 용정 가 제2구 1동 36호로서 20평 정도의 초가집이었다. 1937년까지 형의 대부분의 작품들은 그 집에서 씌어졌다고 해도 과언이 아니다. 은진 중학교 때의 그의 취미는 다방면이었다. 축구 선수로 뛰기도 하고, 밤에는 늦게까지 교내 잡지를 내느라고 등사 글씨를 쓰기도 하였다. 기성복을 맵시 있게 고쳐서 허리를 잘룩하게 한다든지 나팔바지를 만든다든지 하는 일은 어머니 손을 빌리지 않고 혼자서 재봉틀로 하기도 하였다.

2학년 때이던가, 교내 웅변 대회에서 '땀 한 방울'이란 제목으로 1등을 한 일이 있어서 상으로 탄 예수 사진의 액자가 우리 집에 늘 걸려 있었다. 절구통 위에 귤 궤짝을 올려놓고 웅변 연습을 하던 모습이 눈앞에 선하다. 그러나 그는 웅변조의 사람이 아니었고, 대회의 평도 침착한 어조와 내용 덕분이란 것이었다. 그 후 그는 다시 웅변에 관심을 둔 바는 없다. 그는 수학도 잘 하였다. 특히 기하학을 좋아하였다.'

중학교 시절 윤동주는 문학 소년이었습니다. 그는 우리 나라 시인들의 시집을 열심히 읽었습니다. 김동환의 '국경의 밤'을 비롯하여 한용운의 '님의 침묵', 백석의 '사슴', 정지용의 '정지용 시집', 주요한의 '아름다운 시집', 이은상의 '노산 시조집', 양주동의 '조선의 맥박', 황순원의 '방가', 변영로의 '조선의 마음', 윤석중의 '윤석중 동요집'·'잃어버린 댕기', 김영랑의 '영랑 시집' 등이 그가 구해 읽은 시집들이었습니다.

윤동주는 용정 중앙 교회에 다녔습니다. 1935년 3월에는 주일 학교에서 유년부 학생들을 가르쳤습니다.

그로부터 6개월 뒤, 윤동주는 평양 숭실 중학교로 옮겼습니다. 그런데 얼마 뒤 숭실 중학교가 신사 참배 거부 문제로 문을 닫게 되자, 윤동주는 용정으로 돌아와 광명 중학교에 편입했습니다.

1938년 4월 9일, 윤동주는 광명 중학교를 졸업하고 연희 전문 학교 문과에 입학했습니다. 고종사촌 송몽규도 그와 함께 입학했습니다.

송몽규는 뒷날 '동아일보'에 단편 소설이 당선되는데, 윤동주와는 동창생인 동시에 글벗이었습니다.

윤동주는 연희 전문 학교 시절에 많은 시를 썼습니다.

'새로운 길', '자화상', '십자가', '또다른 고향', '별 헤는 밤', '서시' 등 그의 주옥 같은 시들은 모두 이 때 씌어진 것이었습니다.

윤동주는 연희 전문 학교 졸업을 앞두고 뭔가 기념이 될 만한 일을 하고 싶었습니다.

그래서 생각한 것이, 그 동안 써 놓은 시들을 모아 시집으로 묶는 것이었습니다.

이에 대해 연희 전문 학교 2년 후배인 정병욱은 '잊지 못할 윤동주의 일들'(「나라사랑」 1976년 여름호)에서 이렇게 자세히 밝혔습니다.

'동주가 졸업 기념으로 자선 시집 '하늘과 바람과 별과 시'를 엮은 자필 시고는 3부였다. 그 하나는 자신이 가졌고, 한 부는 이양하 선생께, 그리고 나머지 한 부는 내게 주었던 것이다.

이 자선 시집에 실린 19편의 작품 중에서 제일 마지막으로 쓴 시가 '별 헤는 밤'으로, 1941년 11월 5일자로 되어 있다. 그리고 '서시'를 11월 20일에 쓴 것으로 되어 있다. 이로 보아 알 수 있듯이 '별 헤는 밤'을 완성한 다음 동주는 자선 시집을 만들어 졸업 기념으로 출판하기를 계획했었다. '서시'까지 붙여서 친필로 쓴 원고를 손수 제본을 한 다음 그 한 부를 내게 주면서 시집의 제목이 길어진 이유를 '서시'를 보이면서 설명해 주었다. 그리고 처음에는 '서시'가 되기 전 시집 이름을 '병원'으로 붙일까 했다면서 표지에 연필로 '병원'이라고 써 넣어 주었다. 그 이유는 지금 세상은 온통 환자투성이이기 때문이라 하였다. 그리고 병원이란 앓는 사람을 고치는 곳이기 때문에 혹시 이 시집이 앓는 사람들에게 도움이 될 수 있을지도 모르지 않겠느냐고 겸손하게 말했던 것을 기억한다.

이 시고를 받아 보신 이양하 선생께서는 출판을 보류하도록 권하셨다. '십자가'·'슬픈 족속'·'또다른 고향'과 같은 작품들이 일본 관헌의 검열에 통과될 수 없을 뿐더러, 동주의 신변에 위험이 따를 것이니 때를 기다리라고 하셨다는 것이다. 그러나 동주는 실망하는 빛을 보이지 않았다. 이양하 선생의 권고는 너무도 당연한 충고였고, 또 시집 출판을 서두를 필요도 없다고 생각했기 때문이었을 것이다.

이처럼 시집 출판을 단념한 동주는 1941년 11월 29일자로 작품 '간'을 썼다. 발표와 출판의 자유를 빼앗긴 지성인의 분노가 폭발한 것이지만, 그는 스스로를 달래지 않을 수 없었다. 그 노여움이 가라앉자 1942년 1월 24일자로 차분히 '참회록'을 썼다. 어쩌면 이 작품이 고국에서의 마지막 작품이 되었을지도 모르겠다.

그 후 동주 자신이 가졌던 것과 이양하 선생께 드린 시고는 행방을 찾을 길 없고, 내게 주었던 것이 나의 어머니 장롱 속 깊숙이 감춰 졌다가 1948년에 정음사에서 출판됨으로써 동주의 시가 비로소 세상에 널리 알려지게 되었다.'

1942년 연희 전문 학교 문과를 졸업한 윤동주는 일본으로 유학의 길을 떠났습니다.

윤동주는 처음에 동경의 입교 대학 영문과에 입학했다가, 가을에 교토의 동지사 대학 영문과로 옮겼습니다.

윤동주가 사상범으로 일본 경찰에 붙잡힌 것은 1943년 7월이었습니다. 동경 제국 대학에 다니던 송몽규와 함께였습니다.

이들은 여름 방학을 맞아 고국으로 돌아가기 직전 체포되어, 카모카와 경찰서에 구금되었습니다.

두 사람은 1944년 6월에 재판을 받았습니다.

윤동주가 징역 2년, 송몽규가 2년 6개월이었습니다. 이들은 후

쿠오카 형무소에 투옥되었습니다.

  1945년 2월 16일, 윤동주는 8·15 광복을 보지 못하고 눈을 감았습니다.

  윤동주의 아버지는 연락을 받고 후쿠오카로 달려갔습니다. 그는 형무소에서 송몽규를 만났는데, 얼른 알아보지 못할 만큼 말라 있었습니다.

  송몽규는 눈물을 흘리며, 이런 말을 했습니다.

  "저놈들이 주사를 맞으라고 해서 맞았더니 이 모양이 되었고, 동주도 이 모양으로……."

  이 때 송몽규는 한국 청년 50여 명과 함께 주사를 맞기 위해 한 줄로 서 있었습니다.

  송몽규 역시 23일 뒤에 죽었다고 합니다.

  윤동주의 아버지는 일본인 간수도 만났습니다.

  "윤동주가 죽었어요. 참 얌전한 사람이……. 죽을 때 무슨 소린지 모르나 외마디로 높게 지르며 운명했지요."

  윤동주의 아버지는 화장한 아들의 유해와 함께 고향으로 돌아왔습니다.

  집안 식구들은 장례를 치르고 윤동주의 무덤 앞에 비석을 세웠습니다.

  비석에는 다음과 같은 글귀가 새겨졌습니다.

'시인 윤동주의 묘'

이 때까지만 해도 윤동주는 가족만이 인정하는 무명 시인이었습니다.

그러나 1948년에 시집 '하늘과 바람과 별과 시'가 발간됨으로써, 윤동주는 온 국민의 사랑을 받는 시인으로 다시 태어났습니다.